Zimmerbonsai

Werner M. Busch

Zimmerbonsai

Auswahl • Pflege • Gestaltung

ISBN 3-8094-1109-4

Fotos: BASF, Landw. Versuchsanstalt Limburgerhof: 45 r., 46 l.; **Bonsai Centrum Heidelberg,** Mannheimer Straße 401, 69123 Heidelberg: 33; **Friedrich Jantzen,** Arolsen: 42, 43 (2x), 45 l., 46 r., 47 (3x); alle übrigen: **Daniel Meyer-Horn,** Düsseldorf: Seite 1: Ulmus parvifolia; Seite 2: Punica granatum; Seite 3: Punica granatum 'Nana'
Zeichnungen: Falken Archiv/Lünser: 19 (3x), 23 (2x); alle übrigen: Daniela Schneider, Frankfurt am Main

Satz: DM-Service Mahncke & Pollmeier oHG, Rodgau
Druck: Tesínská Tiskárna, Cesky Tesin
Printed in Czech Republic

015610296X 4453 6271

Inhaltsverzeichnis

Warum Zimmerbonsai?

Als Bonsai bezeichnet man eigentlich einen Baum, der in einer Schale gehalten wird und durch bestimmte Gestaltungsmaßnahmen den Eindruck eines Baumveteranen vermittelt, obwohl seine Größe in der Regel einen Meter nicht übersteigt.
Dies ist allerdings nur wenigen bekannt, da das Bild, das sich jemand von einem Bonsai macht, in der Regel durch die Exponate geprägt wird, die am häufigsten zu sehen sind. Das sind aber nicht die gut entwickelten und durchgestalteten Meisterstücke, sondern die Massenware, die in Baumärkten und Einkaufszentren, aber auch in Gartenzentren als Bonsai (der Bonsai: Miniaturbaum, Plural: die Bonsai) gezeigt werden. Diese oft sehr billigen Stücke haben aber mit Bonsai (das Bonsai: die Kunst, einen Bonsai zu gestalten) allenfalls soviel zu tun wie das einzelne Wort mit einem Gedicht oder der Stein mit einer Marmorskulptur. Sie sind in der Regel nicht gestaltet, sondern höchstens einmal zurückgeschnitten und erwecken eher den Eindruck eines Kümmerlings als den eines alten Baumes.
Um entscheiden zu können, was man nun vor sich hat, bedarf es einiger Erfahrung und der intensiven Beschäftigung mit dem Thema.
Die ersten Bonsai, die nach Europa kamen, stammten aus Japan. Alle japanischen Bäume müssen bei uns allerdings ganzjährig im Freiland gehalten werden. Immer mehr Menschen hörten nun von der Möglichkeit, Bäume in Miniaturform zu gestalten, und befaßten sich mit dem Thema. Da lag es nahe, daß diejenigen, die keinen Garten oder Balkon hatten, sich auf Gehölze beschränkten, die auch in der Wohnung gedeihen können. Dies wurde noch dadurch gefördert, daß solche Pflanzen bald aus China importiert wurden.
Die Beschäftigung mit Bäumen übt seit alters her einen besonderen Reiz auf die Menschen aus. Zahlreiche Geschichten, Legenden und Lieder handeln von ihnen. Für diejenigen unter uns, die keinen Garten haben, bietet Bonsai eine reizvolle Möglichkeit, sich intensiv mit Bäumen, diesen eindrucksvollen Geschöpfen der Natur, zu beschäftigen. Eine solche Beschäftigung kann rein pflegerischer Natur, aber auch künstlerisch anspruchsvoll sein. Hier spielt nicht nur die Faszination eine Rolle, die die Pflanzen wegen ihrer exotischen Herkunft ausstrahlen. Bonsai bietet auch die Möglichkeit, biologische Kenntnisse zu vertiefen und anzuwenden. Dabei ist Kreativität gefragt. Sammler können eine Kollektion anlegen, und gleichzeitig entsteht eine eindrucksvolle Dekoration der Wohnung. Viele Argumente also, die für Bonsai in der Wohnung sprechen.

Feroniella lucida, etwa 40 Jahre alt, Sammlung Rüger

Zimmerbonsai kaufen

Wer einen Zimmerbonsai kaufen möchte, sollte dabei vor allem auf folgendes achten: die Herkunft, die Qualität der Gestaltung, das Alter und die Eignung als Zimmerbonsai.

Herkunft der Pflanzen

Die meisten der im Handel anzutreffenden Zimmerbonsai stammen aus China. Sie werden von dort meist in sehr lehmiger Erde und verziert mit kleinen Felsen, auf denen zierliche Tonfiguren kleben, importiert. Nachdem die Pflanzen in Europa eingetroffen sind, werden sie einige Wochen im Glashaus gepflegt. Hier werfen sie in der Regel als Folge der Strapazen des Transportes und der Umstellung auf ein anderes Klima das gesamte Laub ab und treiben neu aus. Erst jetzt gelangen sie in den Verkauf.
Der Lehmboden ist für eine weitere Pflege des Bäumchens in der Wohnung ungeeignet, weil er durch das häufige Gießen so stark verdichtet, daß die Wurzeln ersticken und absterben. Deshalb muß der Lehmboden nach dem Kauf durch ein anderes Substrat ersetzt werden. Am besten passiert das in mehreren Stufen, indem zuerst nur ein Teil und nach einigen Wochen ein weiterer Teil ersetzt wird. Die Pflanzen vertragen den Substratwechsel besonders gut, wenn die neue Erde viel Lehmgranulat (AKADAMA) enthält. Es bleibt körnig und verhindert eine Verdichtung des Substrats.
Viele Pflanzen aus allen Teilen der Erde werden aber auch ohne Substrat importiert und dann gleich in eine geeignete Erde gepflanzt. Ist die neue Erde durchwurzelt, werden sie im Handel angeboten.
Andere Pflanzen werden in Deutschland vermehrt, kultiviert und dann in den Handel gebracht. Diese sind oft verhältnismäßig jung und einfach gestaltet.

Qualität der Gestaltung

Grundsätzlich sind die Zimmerbonsai, die zum Kauf angeboten werden, nicht fertig gestaltet, oft sogar nur sehr grob geformt. Meist sind auch Pflanzen mit dicken Stämmen kaum gestaltet, sondern durch mehr oder weniger starken Rückschnitt einfach nur klein und baumähnlich gehalten.
Eine solch grobe Gestaltung läßt sich natürlich verbessern, wenn der Baum nicht schon zu alt ist. Wirklich gut gestaltete Bonsai sind leider relativ teuer.
Wenn man sich dennoch für eine solche Investition entscheidet, können bei der Bewertung der Gestaltungsqualität die japanischen Stilarten Anhaltspunkte geben. Die Stilarten werden auf den Seiten 15 bis 18 erläutert.

Alter

Je älter ein Bonsai ist, um so mehr liegt die Richtung der Gestaltung fest. Will man also eine eigene Gestaltung vornehmen, dann sollte die gekaufte Pflanze nicht zu alt sein.
Das Alter läßt sich meist nur schätzen. Da es den Preis stark beeinflußt, spielt es beim Kauf eines Bonsai eine gewisse Rolle. Als Anhaltspunkte können die Stammdicke und die Feinheit der Gestaltung dienen. Ein kräftiger Stamm, der in seinem Verlauf von

der Wurzel bis zur Spitze keine Spuren grober Schnitte zeigt, kann als sehr alt eingestuft werden, während ein ähnlich dicker Stamm mit noch offenen großen Schnittstellen oft nur wenige Jahre alt ist.

Ficus panda, etwa 3 Jahre alt

Eugenia, etwa 10 Jahre alt.
Sie stellt die gleichen Pflegeansprüche wie Myrtus communis

Je ausgeprägter die Form erscheint und je feiner die Verzweigung, um so älter ist die Pflanze.

Eignung als Zimmerbonsai

Die als Zimmerbonsai geeigneten Pflanzen stammen überwiegend aus den Tropen oder Subtropen. Dort werden sie nicht etwa im Haus, sondern im Freien gehalten. Diese Pflanzen sind natürlich an das in ihrer Heimat herrschende Klima angepaßt. Viele zeigen sich aber flexibel in ihren Ansprüchen. Der Bonsaifreund mit wenig Erfahrung sollte sich deshalb zunächst an diese Arten halten oder an solche, die in ihrer Heimat ein Klima gewöhnt sind, das in einer Wohnung in Europa leicht nachzuahmen ist. Zu den flexiblen Arten zählen hauptsächlich die Feigenbäume *(Ficus)*, aber auch die Myrte *(Myrtus communis)* und die Steineibe *(Podocarpus macrophyllus)*.
Die Bedingungen für einige Pflanzen der Subtropen lassen sich leicht erreichen, indem der Raum, in dem die Pflanzen stehen, im Winter nicht geheizt wird. Hierzu zählen die Pistazie *(Pistacia lentiscus)*, die Olive *(Olea europaea)* und die Myrte *(Myrtus communis)*.
Vor dem Kauf eines Bonsai sollte man sich auf jeden Fall in einem Fachgeschäft beraten lassen. Die Bonsai-Fachleute können in der Regel sehr genau sagen, welche Pflanze zu dem jeweiligen Standort paßt. Die entsprechenden Adressen sind im Anhang ab Seite 108 abgedruckt.

Ficus benjamina, etwa 30 Jahre alt, Sammlung Rüger

Zimmerbonsai selbst gestalten

Wer sich wirklich dem Bonsai widmen will, also der Kunst, einen Miniaturbaum zu gestalten, der wird sich kaum einen fertigen Bonsai kaufen, an dem überwiegend nur pflegerische Arbeiten anfallen.
Einen Großteil seiner Faszination bezieht dieses Hobby ja gerade aus dem Erlebnis, etwas wachsen zu sehen und dabei immer wieder gestaltend in den Wachstumsprozeß einzugreifen. Daher soll im folgenden gezeigt werden, wie man einen Bonsai von Anfang an großzieht.

Der Aufbau eines Bonsai

Jeder Bonsai besteht letztendlich aus einer möglichst harmonischen Einheit der folgenden Elemente: Bonsaischale, Substratoberfläche, Wurzelansatz, Stamm, Äste, Blätter und Blüten.

Im Handel ist eine große Auswahl an Bonsaischalen erhältlich

Bonsaischale

Zu den Mindestanforderungen an eine Bonsaischale gehören Löcher im Schalenboden und kleine Füßchen, damit das überschüssige Gießwasser ablaufen kann. Das Bonsaigefäß sollte mit der Pflanze eine harmonische Einheit bilden. Wie gut dies gelingt, hängt zum Teil vom persönlichen Geschmack ab, aber auch vom Entwicklungsstand der Pflanze. Junge Pflanzen sollten zum Beispiel eher in einem optisch zu großen Gefäß stehen, weil sie sich hier schneller entwickeln.
Eine optimale Schale erhalten oft nur ausgereifte, alte und teure Stücke: Hier hat dann die Glasur oft eine Entsprechung in den Farben des Baumes oder in der Rindenstruktur, oder sie bildet eine farbliche Ergänzung zu diesen.
Bei der Auswahl der Schalengröße gelten folgende Faustregeln: Die Schalenlänge sollte entweder ungefähr zwei Drittel der Baumhöhe ausmachen oder die Baumhöhe zwei Drittel der Schalenlänge.
Außerdem erscheinen die Proportionen harmonisch, wenn die Baumkrone mit dem Schalenrand abschließt, also nicht über ihn hinausragt. Die Schalenhöhe sollte ungefähr der Dicke des Stammfußes entsprechen.

Substratoberfläche

Zu einem schönen Bonsai gehört auch eine ansprechende Substratoberfläche.
Wird die Pflanze in der warmen Jahreszeit im Freien gehalten, siedelt sich in der Regel ein geschlossener Moosteppich an. In der Wohnung trocknet dieser allerdings wegen der hier niedrigeren Luftfeuchtigkeit wieder ein.
Deshalb wird die Substratoberfläche mit niedrigwachsenden Ersatzpflanzen begrünt. Dabei hat sich der Bubikopf *(Soleirolia soleirolii)* sowohl in der Wohnung als auch im Freien bewährt.

Der Handel bietet neben kleinen Farnen noch viele andere Pflanzen an, die sich zur Gestaltung der Substratoberfläche eignen. Außerdem kann die Bonsaierde auch mit Steinen verschönert werden.

Wurzelansatz

Diejenigen Wurzeln, die sichtbar aus dem Stamm wachsen und dann in der Erde verschwinden, bezeichnet man als Wurzelansatz. Dies ist auch in der Natur ein Merkmal alter Bäume. Beim Bonsai gehört der Wurzelansatz zu den wichtigsten gestalterischen Ausdrucksmitteln.
Die Mindestanforderung an einen Bonsai ist das Vorhandensein solcher Wurzeln. Ein idealer Wurzelansatz wird erreicht, indem die Wurzeln, die vom Stamm aus direkt nach unten gerichtet sind und sich nicht an der Bildung des Ansatzes beteiligen, mit jedem Wurzelschnitt ein Stück mehr reduziert werden. Dadurch müssen die Seitenwurzeln, die schließlich den Wurzelansatz bilden, den kompletten Baum versorgen und werden daher natürlich entsprechend kräftig.

Solch ein prachtvoller Moosbewuchs gedeiht nur bei hoher Luftfeuchtigkeit

Ficus-Arten entwickeln einen besonders starken Wurzelansatz

Stamm

Der Stamm sollte an der Basis möglichst kräftig beginnen und sich fließend, ohne kräftige Sprünge, nach oben hin verjüngen. Dies wird hauptsächlich dadurch erreicht, daß der Stamm bei der noch jungen Pflanze mehrmals stark eingekürzt wird. Der der Schnittstelle am nächsten liegende Seitenast wird dann zur Stammverlängerung und

Ficus microcarpa mit ausdrucksvollem Stamm (Sammlung Rüger)

damit zur Spitze. Je größer die Zeitabstände zwischen den einzelnen Schnitten sind, um so größer werden auch die Schnittstellen. Große Schnittstellen weisen auf ein Anzuchtverfahren hin, das zunächst auf einen dicken Stamm abzielt. Dies ist eine durchaus legitime und übliche Methode, um eine geeignete Ausgangspflanze für einen Bonsai zu erhalten. Die Schnittstellen sollten mit einem Wundverschlußmittel so versorgt werden, daß sie möglichst schnell zuwachsen können.
Ein guter, ausgereifter Bonsai zeigt keine offenen Schnittstellen, so daß Spuren früherer Eingriffe kaum oder gar nicht erkennbar sind.

Bei regelmäßigem Rückschnitt können auch junge Pflanzen eine feine Verzweigung entwickeln (Ulmus parvifolia, Sammlung Thönnessen)

Äste

Der ideale Bonsai hat schöne, kräftige Äste mit entsprechend dünneren Seitenzweigen. Je feiner verzweigt die Äste sind, um so weiter ist der Baum entwickelt. Ein gut gestalteter Bonsai hat unten die dickeren und oben die dünneren Äste. Diese entspringen mit kräftiger Basis dem Stamm und verzweigen sich nach außen in feine und feinste Zweige und Seitenzweige.
Man kommt zu diesem Erscheinungsbild, indem jeder Ast, ähnlich wie der Stamm, in regelmäßigen Abständen stark eingekürzt wird. Der Seitenzweig, der der Schnittstelle am nächsten liegt, übernimmt dann die Spitze des Astes.
Es gilt die Regel: Je mehr ein Ast wächst, bevor er geschnitten wird, um so dicker wird er. Deshalb wird im Spitzenbereich eines Bonsai früher geschnitten als im unteren Kronenbereich, damit wie in der Natur die unteren Äste die kräftigen sind.

Blätter

Natürlich sollten die Blätter vital und gesund aussehen. Kleinblättrige Arten werden meist den anderen vorgezogen, obwohl die Blattgröße je nach Entwicklungsstand der Pflanze stark variieren kann.
Bei jungen Pflanzen ist die Blattgröße zunächst unwichtig. Die Entwicklung der Form sollte hier vorrangig behandelt werden. Dazu ist aber ein kräftiges Wachstum der Pflanze notwendig, was auch Blätter in normaler Größe zur Folge hat.
Je kleiner die Blätter sind, um so besser lassen sich günstige Proportionen zwischen Blattgröße und Baumgröße erreichen. Beim Bonsai läßt sich auch bei von Natur aus großblättrigen Bäumen die Größe der Blätter reduzieren, indem die Verzweigung gefördert wird. Je feiner die Verzweigung, um so kleiner werden die Blätter.
Eine wichtige Methode, mit der man die Blattgröße durch Förderung der Verzwei-

Wechselständige Blattstellung

Gegenständige Blattstellung

Spiralige Blattstellung

gung verkleinern kann, ist der Blattschnitt. Hierbei werden alle vorhandenen Blätter abgeschnitten, nur den Blattstiel läßt man stehen. Danach entwickelt sich überall dort, wo ein Blatt gesessen hat, ein neuer Ast, der nun, wenn alle neuen Äste gleichmäßig austreiben, Blätter trägt, die um einiges kleiner sein können als die zuvor entfernten. Ein Blattschnitt sollte aber nur gesunden Pflanzen zugemutet werden, die bereits einen kräftigen Stamm aufweisen, da die Reserven des Baumes angegriffen werden. Auch das Dickenwachstum leidet unter dem Blattschnitt.

1. Der Stiel bleibt beim Blattschnitt stehen

2. Die neuen Blätter sind um einiges kleiner als die zuvor entfernten

Blüten

Die Blüte ist zwar eine reizvolle Ergänzung der Erscheinungsform eines Bonsai, sie sagt aber nur sehr wenig über die Qualität der Gestaltung aus, da auch eine völlig ungestaltete Pflanze ab einem gewissen Mindestalter Blüten bildet. Blüten können deshalb eine Gestaltung nur abrunden, sie aber niemals wirklich verbessern. Aus diesem Grunde sollte man auf dem Weg zum guten Bonsai immer erst auf die Weiterentwicklung der Form Wert legen, die Blüten bilden sich später ganz von selbst.
Während der Blüte reduziert sich bei den meisten Bäumen das Wachstum auf ein Minimum. Im Gegensatz dazu blüht eine stark wachsende Pflanze nur wenig. Fördert man also das Wachstum durch kräftige Stickstoffdüngung, wird gleichzeitig die Blütenbildung gehemmt.

Blühender Granatapfelbaum (Punica granatum)

Die japanischen Stilarten

In der langen japanischen Bonsaitradition haben sich einige klassische Bonsaiformen entwickelt. Diese Formen orientieren sich am Erscheinungsbild der Bäume in der freien Natur.
Bei der Gestaltung eines eigenen Bonsai kann es eine große Hilfe sein, wenn man diese japanischen Stilarten zugrunde legt. Allerdings sollte klar sein, daß sie nur Anhaltspunkte geben können. Jede Pflanze hat ihre spezifischen Eigenheiten, die sie als unverwechselbares Einzelgewächs auszeichnen, und genau dies ist die Voraussetzung für einen beeindruckenden Bonsai.

Besenform
Der Stamm geht nicht als Hauptachse des Baumes vom Boden bis zur Spitze durch, sondern verzweigt sich ab einer bestimmten Stelle in gleichberechtigte Äste, die sich in die verschiedenen Himmelsrichtungen ausbreiten und gemeinsam eine oft geschlossene, runde, ovale oder schirmförmige Krone bilden. Der Stamm ist meist gerade ausgebildet, eine Vorder- oder Rückseite nicht immer zu erkennen.

Aufrechte Form
Diese Stilart setzt sich aus einer Gruppe von Formen zusammen, bei denen der Stamm von unten bis zur Spitze durchgeht. Hier ist eine Vorder- und eine Rückseite deutlich ausgeprägt. Von vorne betrachtet, entspringen dem Stamm die Äste abwechselnd links und rechts. Meist sind die Äste waagerecht bis hängend ausgerichtet. Der unterste Ast sollte möglichst auch der kräftigste sein und die weiteren nach oben hin immer dünner werden.
Ausgehend vom Verlauf des Stammes unterscheidet man die »streng aufrechte Form«, die einen sehr geraden Stamm hat,

Besenform

Aufrechte Form

und die »frei aufrechte Form«, bei der der Stamm in seinem Verlauf mehrfach leicht die Richtung ändert, also »Bewegungen« vollzieht.

Geneigte Form

Der Stamm neigt sich zu einer Seite hin. Ansonsten ist dieser Bonsai wie die aufrechte Form gestaltet: mit waagerechten bis leicht hängenden Ästen, die abwechselnd links und rechts dem Stamm entspringen.

Doppelstamm

Bei dieser Stilart wachsen zwei Bäume aus einer Wurzel. Einer der beiden Stämme sollte kräftig und groß und der andere kleiner und dünner sein. Die auch hier meist waagerechten Äste beider Stämme bilden eine gemeinsame Krone.

Mehrfachstamm

Mehr als zwei Bäume, meist eine ungerade Zahl, entspringen einer Wurzel. Auch hier sind die einzelnen Stämme unterschiedlich

Doppelstamm

Geneigte Form

Mehrfachstamm

stark und unterschiedlich groß. Die kleineren sollten möglichst auch die dünneren und die größeren die kräftigen Stämme haben. Die Äste aller Stämme bilden eine gemeinsame Krone.

Floßform

Die Äste eines liegenden, halb in der Erde verschwundenen Stammes entwickeln sich zu einigen Bäumen mit mindestens teilweise eigenständigen Kronen.

Floßform

Waldform

Waldform

Bei der Waldform sind mehrere Einzelbäume, meist eine ungerade Zahl, in einer Bonsaischale zusammengepflanzt. Das Erscheinungsbild dieser Stilart kann sehr unterschiedlich im Ausdruck sein, je nachdem wie die Bäume zusammengesetzt sind und wie die Form der Stämme gestaltet ist.

Kaskadenform

Der Stammverlauf, der dem Wachstum der Bäume an Steilhängen im Gebirge nachempfunden ist, richtet sich nach unten. Bei der Halbkaskade liegt die Spitze des Stammes höhenmäßig zwischen Schalenrand und Schalenboden, bei der Vollkaskade ist die Spitze unterhalb des Schalenbodens. Kaskaden werden üblicherweise in relativ hohe Schalen gesetzt, um auf diese Weise einen optischen Stabilitätseindruck zu erreichen.

Kaskadenform

Literatenform
Die Literatenform zeichnet sich durch einen besonders markanten, schlanken und hohen Stamm aus, der auch die Hauptaussage der Gestaltung trägt. Der Stammverlauf erinnert oft an kalligrafische Zeichen. Die Äste sind im oberen Drittel angeordnet und nicht sehr zahlreich.

Bonsai aus Samen

Im Bonsaihandel, aber auch in speziellen Sämereigeschäften und Gartencentern werden häufig sogenannte Bonsaisamen angeboten. Diese Bezeichnung verleitet zu Fehldeutungen. Es handelt sich immer um den üblichen Baumsamen, aus welchem ein ganz normaler Baum wächst, wenn er nicht so behandelt wird, wie alle Pflanzen behandelt werden müssen, um zum Bonsai zu werden.

Literatenform

Bonsai aus Samen zu ziehen ist eine sehr langwierige, aber auch reizvolle Angelegenheit. Sie ist Bonsai-Anfängern allerdings nicht ohne weiteres zu empfehlen, weil es allgemein sehr schwierig ist, Sämlinge großzuziehen. Häufig sterben sie nach ein paar Monaten ab, und man muß wieder von neuem beginnen.
Der Aufwand lohnt sich nur bei Pflanzen, die man als Steckling oder Jungpflanze nicht bekommen kann, oder bei Arten, deren Sämlinge frohwüchsiger sind als die Stecklinge (siehe Tabelle auf Seite 26).
Oft kann auch eine Samenkapsel, die man als Reisesouvenir mitgebracht hat, Ausgangspunkt für den Versuch sein, einen Baum aus Samen zu ziehen.
Nur wenige Samen dürfen nach der Reife trocknen. Ausgenommen sind die Früchte der meisten Nadelbäume. Nach dem Sammeln werden sie luftig und trocken bis zum Frühjahr aufgehoben und dann ausgesät.
Beerenfrüchte werden ein paar Tage in Wasser gelegt, bis ein Gärungsprozeß zu beobachten ist. Nun läßt sich das Fruchtfleisch leichter von den eigentlichen Samen trennen. Diese werden sofort ausgesät, und der Saatbehälter kommt an einen warmen Platz.
Um bei diesem Saatgut ein gutes Aufzuchtergebnis zu erzielen, ist eine Behandlung der Substratoberfläche mit einem Fungizid meist unerläßlich.
Einige Samen benötigen eine Ruhepause, in der sie endgültig ausreifen, um keimfähig zu werden. Hierzu zählen die meisten Eichensamen. Die Samen werden am besten gleich nach dem Sammeln ausgesät und die Saatgefäße den Winter über frostfrei, aber kühl gestellt.
Als Substrat wird eine nährstoffarme Mischung mit geringem Lehmanteil genommen, zum Beispiel handelsübliche Pikiererde, die in der Regel aus Sand und Torf besteht.

Die Erde muß gleichmäßig feucht gehalten werden, darf aber nicht zu naß sein. Sobald die ersten Keimlinge sprießen, wird die Substratoberfläche möglichst trocken gehalten und Wasser nur von unten gegeben: Das Saatgefäß wird in einen Behälter gestellt, der mit Wasser gefüllt ist, so daß die Erde über die Abzugslöcher des Saatgefäßes angefeuchtet wird.
Etwa vier Wochen nach dem Keimen kann mit dem Düngen begonnen werden. Man düngt mit Mineraldünger, vermindert allerdings die auf der Packung angegebene Konzentration um die Hälfte.
Haben die Pflänzchen eine gewisse Größe erreicht, so daß sie zu dicht beieinander stehen, muß man sie pikieren. Hierzu werden sie aus dem Gefäß genommen und einzeln gesetzt. Dabei entfernt man eventuell vorhandene Pfahlwurzeln, so daß die Entwicklung von Seitenwurzeln gefördert wird. Die Pflanze selbst wird im ersten Jahr nicht zurückgeschnitten. Erst im zweiten Jahr beginnen die Gestaltungsmaßnahmen.

2. Das Saatgut wird gleichmäßig mit einer dünnen Schicht Erde abgedeckt, angedrückt und gewässert

1. Aussaat: Der Samen wird gleichmäßig in die mit Erde gefüllte Schale gestreut

3. Sobald sich die ersten Blätter gebildet haben, werden die Pflanzen auseinandergepflanzt (pikiert)

Gestaltung der aufrechten Form ohne Draht

Mit dem ersten Schnitt erhält der zukünftige Stamm seine erste Richtungsänderung. Gleichzeitig kann man die Stammhöhe, die Stellung des ersten Astes und die Gesamthöhe des Baumes festlegen (Abb. 1).
Ein gesunder einjähriger Keimling treibt mindestens die beiden der Schnittstelle am nächsten sitzenden Knospen aus, manchmal sogar mehr. Der Austrieb der oberen Knospe entwickelt sich zur Stammverlängerung, der Austrieb der darunter liegenden Knospe zum ersten Seitenast (Abb. 2). Weitere Austriebe werden ganz entfernt. Der Seitenast wird auf ein Drittel eingekürzt, wenn er so lang ist wie der Stamm hoch. Mit den folgenden Asttrieben wird ebenso verfahren.
Ist die Stammverlängerung mindestens doppelt so lang wie der Abstand von der Substratoberfläche zum ersten Ast, wird diese wieder zurückgeschnitten (Abb. 2). Dabei sollte das verbleibende Stück etwas kürzer sein als das beim ersten Rückschnitt

verbliebene. Der zweite Rückschnitt wird so angelegt, daß die zweite Knospe von oben der Wuchsrichtung des ersten Astes entgegengesetzt ist. Diese wird nach dem Austrieb zum zweiten Seitenast entwickelt (Abb. 3), während die der Schnittstelle am nächsten sitzende Knospe sich wiederum zur Stammverlängerung entwickelt und bei entsprechender Länge wieder zurückgeschnitten wird. Hier entsteht dann der dritte Seitenast (Abb. 4). Führt man das fort, entsteht ein bestimmter Astrhythmus, der so angelegt sein sollte, daß die Seitenäste abwechselnd links und rechts wachsen (Abb. 5). Gleichzeitig führt man den Stamm mit jedem Schnitt in einen Bewegungsrhythmus, der später die Aussagekraft und den Charakter des Bonsai bestimmt.

Gestaltung der aufrechten Form mit Draht

Wenn man die Keimlinge mit Draht gestaltet, entsteht später ein Baum mit deutlicher Verjüngung des Stammes. Das Pflänzchen wird dazu genau an der Stelle zur Seite geknickt, an der bei der Methode ohne Draht der erste Rückschnitt angesetzt wurde (Abb.1 und 2). Die abgeknickte Spitze entwickelt sich dann zum Seitenast.

1

2

Die der Knickstelle am nächsten sitzende Knospe treibt nun zur Stammverlängerung aus (Abb. 3). Der erste Seitenast wird mehrfach zurückgeschnitten und kurz gehalten. Hat die Stammverlängerung eine bestimmte Höhe erreicht, wird sie ebenfalls, nun aber in die entgegengesetzte Richtung, abgeknickt (Abb. 4) und zum zweiten Seitenast ausgebildet. Dabei sollten

3

4

5

die Abstände zwischen den Seitenästen von unten nach oben immer kleiner werden. Wieder entwickelt sich die der Knickstelle am nächsten liegende Knospe zur Stammverlängerung (Abb. 5). Dies wird so lange fortgeführt, bis schließlich die gewünschte Baumhöhe erreicht ist (Abb. 6).
Ab dann werden alle Austriebe gleichmäßig zurückgeschnitten.

Bonsai aus Stecklingen

Die meisten tropischen und subtropischen Pflanzen lassen sich leicht durch Stecklinge vermehren. Hierdurch gewinnt man gegenüber der Samenvermehrung oft ein ganzes Jahr.

6

Stecklinge sind kurze, belaubte Aststücke, die nach dem Schneiden in ein nährstoffarmes Substrat gesteckt werden, hier Wurzeln schlagen und sich zu einer eigenständigen Pflanze entwickeln.
Der Vorteil von Stecklingen liegt auch darin, daß man nicht auf die Blüten und die sich daraus entwickelnden Früchte angewiesen ist, um eine Pflanze zu vermehren.
Für die Stecklingsvermehrung in der Wohnung hat sich folgende Methode bewährt. Man füllt einen kleinen Blumentopf mit Pikiererde und drückt diese leicht an. Mit einem Zahnstocher bohrt man anschließend Löcher vor, in die man die Stecklinge, deren untere Blätter entfernt wurden, einsteckt. Die Länge sollte zwischen 5 und 7 cm liegen. Eine zusätzliche Behandlung der Schnittstelle mit einem Bewurzelungshormon beschleunigt die anschließende Wurzelbildung. Nach dem Stecken wird einmal kräftig angegossen und der Blumentopf mit einem Einmachglas oder einer Plastiktüte abgedeckt. Dann stellt man ihn an einen warmen, hellen, aber sonnengeschützten Platz.
Beginnt der Steckling zu treiben, hebt man das Glas nach und nach an oder schneidet anfangs kleine, später größere Löcher in die Plastiktüte. Einige Wochen nach dem Austreiben kann vorsichtig gedüngt werden. Wird es den Pflänzchen zu eng, werden sie einzeln gesetzt. Hierbei schneidet man die längsten Wurzeln zurück.
Die weitere Gestaltung kann nun wie bei Sämlingen mit oder ohne Draht erfolgen (siehe Seite 20 bis 22).

1. Für die Stecklingsvermehrung eignen sich am besten halbverholzte Triebe, die man in einer Länge von etwa 7 cm direkt unterhalb eines Knotens schneidet

2. Die unteren Blätter werden entfernt. Den Steckling taucht man in Bewurzelungshormon, damit sich schneller Wurzeln bilden

Bonsai aus Jung- oder Topfpflanzen

Viele Gehölze, die auch als Zimmerbonsai geeignet sind, werden als ein- und mehrjährige Topfpflanzen im Handel angeboten. Dazu gehören unter anderem einige *Ficus*-Arten, wie *Ficus benjamina*.
Andere Bäume erhält man im Bonsaifachhandel als sogenannte Jungpflanzen, die durch mehrmaligen Rückschnitt auf eine spätere Bonsaigestaltung schon vorbereitet wurden.
Verwendet man solche Pflanzen für eine Gestaltung, erhält man schneller als bei den bereits besprochenen Methoden einen relativ kräftigen Bonsai. Bei der Formgebung muß man dann allerdings die Vorgaben berücksichtigen, die die Pflanze zum Beispiel durch eine bestimmte Stammführung festlegen. Meist ist der Stamm beim Kauf schon so dick, daß in diesem Punkt nichts mehr geändert werden kann.

Gestaltung einer Topfpflanze

Die wichtigsten Kriterien beim Kauf einer Topfpflanze sind der Stammverlauf und die Stellung der kräftigen Äste:
Der Stamm sollte unten kräftig beginnen, damit man ihn durch gezielte Schnitte nach oben hin verjüngen kann.
Die kräftigen Äste sollten dort, wo sie stehen, ins gewünschte Bild passen oder ganz entfernt werden, da sie sich meist nicht ohne bleibende Spuren in ihrer Form verändern lassen.
Hat man eine Pflanze ausgewählt, nimmt man sie aus dem Topf und entfernt zu-

1. Ein Ficus benjamina aus dem Blumenladen dient als Ausgangspflanze für die Bonsaigestaltung in die aufrechte Form. Die erste Schale darf nicht zu klein sein!

2. Nachdem beim ersten Rückschnitt alle unerwünschten Äste entfernt wurden, drahtet man die verbliebenen und richtet sie waagerecht aus

nächst von oben soviel Erde, daß kräftige Wurzeln zum Vorschein kommen. Dort, wo diese kräftigen Wurzeln dem Stamm entspringen, beginnt der Stamm des späteren Bonsai. Nun wird die Höhe des Stammes festgelegt, indem die unteren Äste weggeschnitten werden. Dies bis zu dem Ast, der einmal der erste werden soll. Nach der Gestaltung sollte dieser erste Ast möglichst der kräftigste am ganzen Baum sein. Meist gestaltet man seinen ersten Bonsai in der Besenform oder in der aufrechten Form (siehe Seite 15).
Bei der Besenform läßt man dort, wo der erste Ast steht, weitere, möglichst gleichberechtigte wachsen und entfernt ab hier den Hauptstamm.
Die aufrechte Form benötigt dagegen einen durchgehenden Hauptstamm, der sich nach oben fließend verjüngt. Bei der ersten Gestaltung entfernt man so viele Äste, daß von vorne gesehen die verbliebenen abwechselnd links und rechts stehen und von unten nach oben dünner werden. Nach hinten können einige zusätzliche Äste die Krone schließen.
Um das Bäumchen älter erscheinen zu lassen, können die Äste waagerecht oder sogar leicht hängend aufgestellt werden. Hierzu müssen sie allerdings mit Draht umwickelt werden (siehe Seite 30).
Dadurch lassen sich die Äste in die gewünschte Stellung bringen. Bei Zimmerbonsai muß der Draht oft bereits nach vier bis sechs Wochen wieder entfernt werden, damit er nicht einwächst. Bleiben die Äste danach nicht in der gewünschten Stellung, müssen sie erneut gedrahtet werden.

3. Sind alle Äste in der angestrebten Stellung, werden sie auf die notwendige Länge zurückgeschnitten

4. Etwa 14 Tage nach der Gestaltung kann der Baum in die Bonsaischale gesetzt werden

Pflanzenübersicht: Samen, Stecklinge oder Topfpflanze?

Pflanzenart	Samen	Stecklinge	Topfpflanze
Arbutus unedo – Erdbeerbaum	–	●	●
Bougainvillea glabra – Drillingsblume	–	●	+
Buddleja indica – Zimmereiche	–	●	–
Buxus harlandii – Buchsbaum	–	●	–
Camellia japonica – Kamelie	–	●	+
Carmona microphylla – Fukien-Tee	●	●	–
Citrus – Citrusbaum	●	●	●
Crassula ovata – Geldbaum	–	+	●
Cupressus macrocarpa 'Goldcrest' – Zimmerzypresse	–	–	+
Elaeagnus – Ölweide	●	●	●
Ficus benjamina – Birkenfeige	●	+	+
Ficus buxifolia – Buchsbaumblättriger Feigenbaum	–	●	–
Ficus carica – Echte Feige	●	●	●
Ficus microcarpa – Lorbeerfeige	●	+	●
Ficus natalensis – Natalfeige	–	+	–
Ficus religiosa – Bobaum	–	+	–
Ficus salicifolia – Weidenblättrige Feige	–	+	●
Fuchsia – Fuchsie	●	+	+
Haematoxylum campechianum – Blutholzbaum	–	●	–
Hibiscus rosa-sinensis – Chin. Roseneibisch	●	+	+
Lagerstroemia indica – Lagerströmie	–	●	●
Lantana camara – Wandelröschen	●	●	+
Leptospermum scoparium – Australische Myrte	●	●	+
Ligustrum japonicum – Japanischer Linguster	●	●	–
Malpighia coccigera – Barbadoskirsche	–	●	●
Metrosideros excelsa – Eisenholzbaum	–	●	●
Murraya paniculata – Orangenjasmin	–	●	●
Myrciaria cauliflora – Jaboticaba	–	●	–
Myrsine africana – Myrsine	●	●	–
Myrtus communis – Myrte	●	+	+
Nandina domestica – Nandine	–	●	●
Olea europaea – Olivenbaum	●	●	+
Pinus halepensis – Seekiefer	–	–	–*
Pinus pinea – Pinie	●	–	●

Pflanzenart	Samen	Stecklinge	Topfpflanze
Pistacia lentiscus – Mastixstrauch	–	●	●
Podocarpus macrophyllus – Steineibe	–	●	●
Portulacaria afra – Speckbaum	–	+	+
Punica granatum – Granatapfelbaum	+	+	+
Quercus ilex – Steineiche	●	–	–
Quercus suber – Korkeiche	●	–	–
Rosmarinus officinalis – Rosmarin	–	●	+
Sageretia thea – Sageretie	–	+	–
Schefflera actinophylla – Lackblatt	–	+	+
Serissa foetida – Junischnee	–	+	–
Ulmus parvifolia – Chinesische Ulme	–	+	●

+ = zu bevorzugende Methode
● = möglich
– = kaum oder nur sehr schwer zu realisieren

* Nur als Bonsai erhältlich!

Gestaltungstechniken

Auch wenn ein Bonsai seine endgültige Form erreicht hat, sind ständig gestalterische Maßnahmen notwendig, um das gewünschte Aussehen zu erhalten.
Dazu benötigt man ein ganz bestimmtes Werkzeugsortiment, das im folgenden vorgestellt wird. Auf dem Foto unten sehen wir von links nach rechts eine Jin-Zange zum Biegen von stärkerem Draht, zwei Scheren zum Schneiden von Ästen, eine Konkavzange (unten) und eine Knospenzange (oben) zum Entfernen stärkerer Äste.

Rückschnitt der Äste

Einer der Hauptgründe, weshalb ein Bonsai klein bleibt, ist der regelmäßige Rückschnitt. Wie weit und was zurückgeschnitten wird, hängt von der Pflanze und der Entwicklungsphase ab, in der sich diese gerade befindet.
Eine junge Pflanze läßt man in der Regel längere Triebe entwickeln, um sie schneller kräftig werden zu lassen. Man schneidet sie so zurück, daß die unteren Äste länger bleiben.

Werkzeugsortiment

1. Ficus salicifolia vor dem Aströckschnitt

2. Von jedem neuen Trieb bleiben zwei bis drei Blätter stehen

3. Nach dem starken Rückschnitt ergibt sich eine gute Gelegenheit, auch die Erde auszuwechseln (siehe Seite 36)

Ältere, bereits durchgestaltete Bonsai dagegen werden frühzeitig und häufiger zurückgeschnitten, damit sich eine dichte und feine Verzweigung ausbildet.
Mit dem Rückschnitt bestimmt man gleichzeitig die Richtung, in die der betreffende Ast weiterwächst, weil sich in der Achse des Blattes, das der Schnittstelle am nächsten steht, eine Knospe zum Trieb entwickelt. Dieser wächst ungefähr in die Richtung, in die das Blatt gerichtet ist.
Manchmal, bei der Gestaltung einer Topfpflanze, ist es notwendig, deren ganze Äste zu entfernen. Hierzu verwendet man spezielle Konkavzangen (siehe Seite 28), deren Schnittstelle etwas nach innen ins Holz geht. Dadurch ist die Pflanze in der Lage, solche Schnittstellen schnell und ohne deutliche Spuren zu schließen.

Rückschnitt der Wurzeln

Die Wurzel wird immer dann zurückgeschnitten, wenn man die Erde auswechselt. Durch diese Maßnahme soll ein ausgeglichenes Verhältnis zwischen Wurzelmasse und Blattmasse erreicht werden. Dies ist notwendig, weil die Wurzeln den Blättern Wasser und Nährstoffe liefern müssen.
Umgekehrt ernähren die Blätter aber auch die Wurzel und versorgen diese mit ausreichender Energie aus der Photosynthese.
Ein Mißverhältnis zwischen Krone und Wurzel wird meist erst in Streßsituationen sichtbar. Ist die Wurzel zum Beispiel zu schwach ausgebildet, vertrocknen bei heißem Wetter oder bei kurzzeitiger Ballentrockenheit Teile der Krone. Ist die Wurzel hingegen zu groß, kann die Krone besonders an dunklen Tagen oder an einem nicht so hellen Standort nicht genügend Energie liefern, um den Stoffwechsel aufrechtzuerhalten. Das hat zur Folge, daß Teile der Wurzel absterben. Die Pflanze hat dann auch keine Abwehrkräfte mehr gegen Krankheiten. Sie wird von Pilzen und Bakterien befallen und stirbt ab.
Eine regelmäßig zurückgeschnittene Wurzel bildet mit der Zeit, ähnlich wie die Äste, eine sehr feine Verzweigung aus. Dadurch vermehrt sich die Menge der aktiven Wurzelhaare um ein Vielfaches. Ein solcher Wurzelballen ist sehr leistungsfähig und kann eine reich belaubte Krone auch bei hohem Wasserbedarf versorgen.

Mit dem Aströckschnitt bestimmt man die Wuchsrichtung des Neuaustriebes

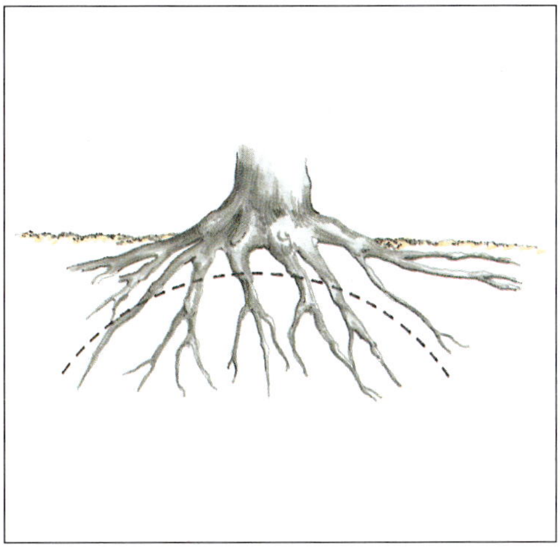

Alle Wurzeln, die unter dem Stamm direkt nach unten wachsen, werden entfernt

Beim Wurzelschnitt wird gleichzeitig die Entwicklung des Wurzelansatzes beeinflußt. Wird dieser von sehr unterschiedlichen dicken Wurzeln gebildet, schneidet man die dickeren stärker zurück. So können schwächere Wurzeln mit der Zeit an Dicke aufholen.
Im Idealfall sind alle Wurzeln an der Bildung des Wurzelansatzes beteiligt. Dies wird erreicht, indem Wurzeln, die direkt unter dem Stamm entspringen, entfernt werden, so daß nur noch Seitenwurzeln zurückbleiben. Da diese nun die Pflanze alleine versorgen müssen, entwickeln sie sich besonders schnell.
Die beste Zeit für den Wurzelschnitt ist das Frühjahr. Die meisten Zimmerbonsai lassen sich aber auch zu anderen Zeiten mit Wurzelschnitt umpflanzen, wenn sie anschließend zwei Wochen vor direkter Sonne, starkem Wind und trockener Luft geschützt werden.

Drahten

Bei der Gestaltung eines Bonsai werden die Äste in eine genau festgelegte Richtung entwickelt. Oft muß der Astverlauf stark verändert werden. Teilweise kann dies durch gezielten Rückschnitt geschehen. Meist kommt man aber nur durch Drahtung zu einem befriedigenden Ergebnis. Hierbei wird der entsprechende Ast mit Draht umwickelt, so daß er sich in die gewünschte Form biegen läßt und diese Biegung dann auch beibehält.
Für diese Gestaltungstechnik hat sich Aluminiumdraht bewährt, der braun eloxiert oder eingefärbt ist, damit er am Baum nicht so auffällt. Das Material muß relativ dick sein, um einen Ast in die gewünschte Richtung lenken zu können. Dadurch schneidet der Draht nicht so schnell in die Rinde ein.

1. Zuerst wird der Stamm gedrahtet

2. Die Äste links oben und rechts unten werden von demselben Draht gehalten. Wo dieser Draht auf den Stammdraht trifft, muß er parallel zu diesem liegen

3. Um eine befriedigende Form zu erzielen, muß man auch die Seitenzweige drahten

Folgende Regeln sollte man beim Drahten unbedingt beachten, wenn die Bonsaipflanze dabei keinen Schaden nehmen soll:

- Es wird nie gleichzeitig gedrahtet und die Erde gewechselt
- Man beginnt mit dem Stamm oder den starken Ästen und geht dann zu den dünneren über
- Es werden möglichst zwei Äste mit einem Draht gedrahtet
- Werden mehrere Drähte um dieselbe Aststelle gewickelt, legt man diese parallel nebeneinander
- Drähte dürfen sich nicht so kreuzen, daß ein Ast abgeschnürt würde, sollte der Draht einmal einwachsen

Spannen

Besonders kräftige Äste lassen sich mit Draht nicht mehr verändern. Der Draht würde bleibende Spuren hinterlassen. Diese Äste werden durch sogenannte Spanndrähte in die gewünschte Richtung gebracht.

Zur Befestigung der Spanndrähte bringt man zunächst verschiedene Drahtschlaufen an der Schale an. Hierzu verwendet man ein Stück kräftigen Draht, dessen beide Enden von unten durch die Löcher der Schale geführt werden. Kurz über der Oberfläche der Bonsaierde formt man sie zu zwei Schlaufen.

Zum Spannen verwendet man dann dünnen Draht. Damit die Schlaufe, die den Ast hält, diesen nicht beschädigt, schützt man den Ast mit einem Stück Schlauch. Das andere Drahtende läßt sich nun an der Schlaufe über der Bonsaierde befestigen, nachdem der Ast in die gewünschte Stellung gezogen wurde (siehe Zeichnung).

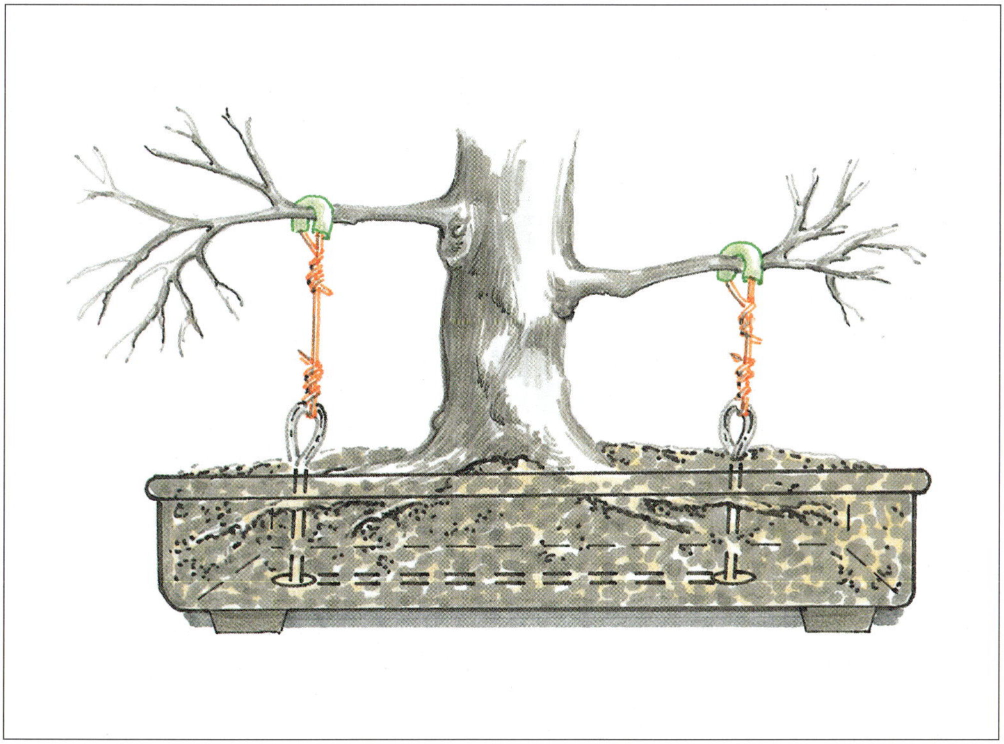

Kräftige Äste werden gespannt

Bonsaipflege

Standort

Da jeder Zimmerbonsai ein Gehölz darstellt, das in seiner Heimat im Freien wächst, ist es notwendig, den Standort so einzurichten, daß er den natürlichen Bedingungen möglichst nahe kommt. In der Natur werden die jeweiligen Standortbedingungen hauptsächlich geprägt durch das Licht, die Temperatur, die Luftfeuchtigkeit und die Luftbewegung, den Boden und das verfügbare Wasser.

Licht

Bäume, die in der Natur im Unterholz dichter Wälder anzutreffen sind, können auch geringe Lichtmengen noch nutzen. Diese Arten vertragen aber meist keine dauerhafte, direkte Sonnenbestrahlung. Hierzu zählt zum Beispiel *Schefflera actinophylla.* Solche Bonsai können auch an Fenstern gehalten werden, die die Sonne nicht direkt erreicht.

Die meisten Bonsai sind allerdings sehr lichthungrig. Diese Bäume bilden in ihrer Heimat dichte Wälder oder beeindrucken als stattliche Solitärgehölze. Einige werden auch als Kulturpflanzen in Plantagen unter heißer Sonne kultiviert. Also benötigen sie auch als Bonsai einen hellen bis sonnigen Standort. Hier wird ein Fensterplatz bevorzugt, der mindestens ein bis zwei Stunden am Tag in der Sonne liegt. Bei direkter Sonneneinstrahlung wird es allerdings hinter einer Glasscheibe sehr heiß. Deshalb sollten auch sehr lichtbedürftige Pflanzen in der Wohnung vor praller Mittagssonne geschützt werden.

Ob eine Pflanze ausreichend Licht bekommt, zeigt sich durch die Blattabstände des Neuaustriebes an. Für eine gute Entwicklung als Bonsai sind kurze Blattabstände nötig. Werden die Abstände zu groß, muß die Lichtmenge größer werden. Entweder wird der Baum an einen helleren Platz gestellt, oder man installiert eine Pflanzenlampe. Diese Lampen geben genau das von den Pflanzen benötigte Licht ab. Es gibt sie als normale Strahler oder auch als Leuchtstoffröhre. Besonders effektiv, aber auch nicht billig sind sogenannte Quecksilberlampen. Pflanzenlampen kann man in der Regel über den normalen Lampenhandel beziehen.

Die individuellen Lichtbedürfnisse der einzelnen Pflanzenarten sind im Kapitel »Zimmerbonsaipflanzen von A–Z« zu finden (Seite 48 bis 107).

Temperatur

Zimmerpflanzen werden in sogenannte Kalthauspflanzen und Warmhauspflanzen eingeteilt. Diese Begriffe haben auch bei Zimmerbonsai ihre Gültigkeit.

Kalthauspflanzen, die aus subtropischem Klima stammen, sollten im Winter kalt, aber frostfrei gehalten werden. Optimal sind Temperaturen zwischen 5 und 12 °C. Diese Bedingungen erreicht man allerdings nur in einem ungeheizten Wintergarten oder in einem frostfreien Gewächshaus. Den meisten Kalthauspflanzen reicht auch schon ein ungeheizter Raum, wie zum Beispiel das Schlafzimmer.

Warmhauspflanzen stammen aus den Tropen und dürfen das ganze Jahr hindurch in der Wohnung bei Temperaturen zwischen 18 und 24 °C gehalten werden. Kalt- und Warmhauspflanzen können den Sommer auch im Freien verbringen, müssen aber gegebenenfalls langsam an direkte,

ungefilterte Sonnenbestrahlung gewöhnt werden. Hierzu stellt man sie am Anfang nur kurze Zeit nach draußen und verlängert den Frischluftaufenthalt täglich um eine halbe Stunde.
Je wärmer eine Pflanze steht, um so mehr Licht benötigt sie. Außerdem verbraucht sie mit steigender Temperatur auch mehr Wasser.

Luftfeuchtigkeit
Die meisten Pflanzen, die das ganze Jahr über in geheizten Wohnräumen gehalten werden können, stammen wie gesagt aus den Tropen. Dort ist die Luftfeuchtigkeit besonders hoch. In der Wohnung dagegen ist sie oft extrem niedrig, es sei denn, der betreffende Raum wird nicht geheizt oder im Zimmer steht ein Aquarium.
Ein gesundes Raumklima entsteht auch durch eine üppige Begrünung mit Zimmerpflanzen, die ständig Feuchtigkeit an die Luft abgeben. Wer das nicht möchte, weil die Zimmerpflanzen dem Bonsai »die Schau stehlen« könnten, kann auch einen Luftbefeuchter einsetzen.

Bonsai unter einer Pflanzenlampe

Das beste Klima speziell für den Baum erreicht man, wenn dieser auf ein großes Tablett gestellt wird, das mit Wasser und Hydrokugeln gefüllt ist. Durch die Verdunstung ist die Luft im Bereich des Tabletts optimal feucht.
Je feuchter die Luft, um so weniger Wasser verbraucht der Baum. Ist die Luft also besonders trocken, benötigt die Pflanze sehr viel Wasser, da sie große Mengen über die Blätter an die Luft abgibt. Natürlich verdunstet auch ein großer Teil direkt über die Oberfläche der Pflanzenerde.

Belüftung

Weil sich die Luft in der Wohnung kaum bewegt, werden die Blätter nur sehr zart ausgebildet und sind deshalb eine leichte Beute für Pflanzenschädlinge. Im Freien sorgen Wind und Wetter dafür, daß die Bäume ihre Blätter entsprechend robust entwickeln. Dadurch sind sie zum einen gegen zu starke Verdunstung und zum anderen gegen den Befall von Schädlingen besser geschützt. Auch aus diesem Grund empfiehlt es sich, Zimmerbonsai im Sommer einige Zeit auf dem Balkon oder im Garten zu halten. Wenn das nicht geht, kann auch ein in der Nähe der Pflanzen installierter Ventilator, der täglich einige Zeit läuft, ähnliches bewirken.

Pflanzsubstrat

In der Natur gibt es viele verschiedene Bodenarten, die von den meisten Gehölzen auch toleriert werden. Einige Pflanzen brauchen aber ganz bestimmte Bodenverhältnisse.
Ein Pflanzsubstrat wird hauptsächlich bestimmt durch die Bodenbestandteile, den ph-Wert und die Krümelung.
Bonsaierde besteht in der Regel aus einer ganz bestimmten Mischung verschiedener Bestandteile.

Bestandteile der Bonsaierden

Lehm

Lehm setzt sich unter anderem aus sehr feinen Tonteilen zusammen, hat ein großes Wasseraufnahmevermögen und bindet noch verschiedene andere Stoffe. Wegen dieser Eigenschaften hat Lehm die Aufgabe, starke Veränderungen im Bodenklima abzupuffern. So wird zum Beispiel überschüs-

Bonsai auf einem Tablett mit Hydrokugeln (F. benjamina)

Von Mai bis September können Zimmerbonsai auch im Freien stehen

siges Wasser aufgenommen und nur langsam wieder an die Umgebung abgegeben. Nährstoffe, besonders Phosphat, werden gebunden und nur allmählich an die Pflanze weitergegeben.
Durch seine feine, fast puderartige Struktur verdichtet Lehm leider sehr schnell: Die kleinen Hohlräume, die für die Atmung der Wurzeln wichtig sind, verschwinden. Deshalb verwendet man in der Bonsaierde gerne Lehmgranulat. Das ist durch leichtes Brennen körnig gemachter Lehm, der in der Regel aus Japan importiert wird und auch unter dem Namen AKADAMA bekannt ist. Dieses Granulat behält seine grobe Struktur ein bis zwei Jahre und verliert dabei keine der positiven Puffereigenschaften.

Sand
Durch Kapillarkräfte bindet Sand ebenfalls Wasser, das aber – im Gegensatz zum im Lehm gebundenen Wasser – der Pflanze frei zur Verfügung steht.
Sand fördert außerdem die Benäßbarkeit einer Substratmischung und stabilisiert deren Krümelstruktur.

Lava
Lava enthält Spurenelemente und kann in ihren zahlreichen Hohlräumen Luft im Boden halten, was für den Gasaustausch und für die Atmung der Wurzeln von großer Bedeutung ist. Lava wird als Granulat angeboten.

Einige typische Bestandteile des Bonsaisubstrats: grober Sand (l. o.), Lavagranulat (r. o.), Pikiererde (l. u.), Lehmgranulat (r. u.)

Torf

Als nährstoffarmes, organisches Substrat, das man in Mooren abbaut, ist Torf von Natur aus sauer, wird aber mit Hilfe von Kalk für die Pflanzenkultur auf einen ph-Wert um 6 (schwach sauer) eingestellt. Torf gibt es in sehr unterschiedlicher Struktur. Für Bonsai ist grobfaseriger Torf ungeeignet.

Torf dient zur Lockerung der Pflanzerde und zur Wasserspeicherung. Aus Umweltschutzgründen versucht man in den letzten Jahren auf Torf zu verzichten, um die wenigen noch intakten Moore zu erhalten. In der Regel ist der größte Teil des noch im Handel befindlichen Torfes aus Rußland importiert. Erfahrungen mit Ersatzprodukten gibt es noch nicht in ausreichendem Maße. Deshalb wird in den Substratvorschlägen zu den einzelnen Gehölzarten noch Torf empfohlen.

Pikiererde

In der Regel besteht Pikiererde aus feinfaserigem Weißtorf und Sand sowie einer geringen Nährstoffbeimischung. Pikiererde ist auch mit anderen Grundbestandteilen denkbar, wie zum Beispiel Rindenhumus, Torf und Sand.

Azaleengranulat

Das körnige Substrat zeichnet sich durch ein hohes Wasseraufnahmevermögen aus. Gleichzeitig kann überschüssiges Wasser gut ablaufen. Der ph-Wert liegt im sauren Bereich, ist also kleiner als 7.

Einpflanzen in die Bonsaischale

Eine Pflanze, die zum ersten Mal in eine Bonsaischale gesetzt wird, verliert in der Regel einen großen Teil ihrer Wurzeln. Bei den meisten Pflanzen können, wenn im Kronenbereich ähnlich vorgegangen wird, bis zu zwei Drittel der Wurzeln entfernt werden, ohne daß die Pflanze Schaden nimmt. Dabei ist es wichtig, daß zunächst die Wurzeln, die unter dem Stamm direkt nach unten wachsen, gekürzt oder ganz entfernt werden. Die Seitenwurzeln läßt man dagegen stehen. So erhält man einen flachen Wurzelbereich, der leicht in eine Bonsaischale paßt.

Auf den Abzuglöchern der Schale werden mit Hilfe von Draht die im Handel erhältlichen Plastikgitter befestigt, damit das Pflanzsubstrat nicht ausschwemmt. Dann gibt man eine Schicht grobes, körniges Material – in der Regel Lehmgranulat – in die Schale und setzt die Pflanze darauf. Nun füllt man die Schale bis zur Hälfte mit Lehmgranulat auf und sorgt dafür, daß zwischen den Wurzeln keine Hohlräume entstehen, indem man mit Hilfe eines Pikierholzes das Granulat in alle Ritzen und Fugen stopft. Dann wird mit Bonsaierde aufgefüllt, die meist aus Lehm, Sand und Pikiererde zu gleichen Teilen besteht. Die speziellen Ansprüche an die Pflanzerde sind bei den einzelnen Pflanzenporträts genauer angegeben (Seite 48 bis 107).

Die Erde wird leicht angedrückt und dann kräftig gewässert. Frühestens nach zwei Wochen kann man mit dem Düngen beginnen.

Wechseln des Pflanzsubstrats

Steht die Pflanze schon mehr als zwei Jahre in der gleichen Erde, ist ein Substratwechsel fällig. Das gleiche gilt für Zimmerbonsai, die sehr häufig gegossen wurden, insbesondere mit Leitungswasser. Das häufige Gießen führt zu einem starken Anstieg des Salzgehaltes im Substrat, so daß hier ein Wechsel meist schon nach einem Jahr erforderlich ist.

Beim Umpflanzen sollte der Ballen nur leicht feucht sein. Zunächst wird die Pflanze aus der Schale genommen und der

1. *Der Wurzelballen läßt sich leicht aus der Schale nehmen*

2. *Mit der Wurzelkralle werden die Wurzeln vorsichtig auseinandergezogen*

3. *Jetzt lassen sich die Wurzeln leicht einkürzen*

Ballen durch leichtes Drücken von der Seite etwas aufgelockert. Dann zieht man die Wurzeln auseinander und entfernt etwa zwei Drittel der Erde. Direkt nach unten wachsende Wurzeln werden stark reduziert oder ganz entfernt. Nun folgt das Kürzen der Seitenwurzeln. Kräftige Seitenwurzeln schneidet man stärker zurück als dünnere. Dadurch gleichen sich die Seitenwurzeln in ihrer Stärke immer mehr an.
Nun werden die Gitter, die auf den Abzugslöchern sitzen und meist durch Kalkrückstände verstopft sind, durch neue ersetzt. Man gibt etwas Dränagematerial in die Schale, setzt die Pflanze darauf, füllt bis

4. *Mit einer Bürste wird der Wurzelansatz freigelegt*

5. *Die Löcher in der Schale deckt man mit kleinen Gittern ab*

zur Hälfte mit Lehmgranulat auf und gibt dann Bonsaierde in die Schale, drückt leicht an und wässert einmal kräftig.
Nach etwa zwei Wochen kann dann gedüngt werden. Die beste Zeit zum Wechseln des Pflanzsubstrats ist das Frühjahr. Die meisten tropischen und subtropischen Gehölze kann man sogar schon von Januar bis März umpflanzen.

6. Wegen der guten Dränagewirkung besteht die unterste Substratschicht aus Lehmgranulat

7. Nachdem man den Baum auf das Lehmgranulat gestellt hat, wird die Erdmischung aufgefüllt

Wasserversorgung

Wie jeder weiß, regnet es in den verschiedenen Klimazonen der Erde unterschiedlich häufig und unterschiedlich lange. Pflanzen aus Gegenden mit vielen Niederschlägen benötigen auch als Bonsai meist mehr Wasser als solche aus trockneren Zonen. So sollte zum Beispiel ein Fukien-Tee *(Carmona microphylla)* niemals ganz trocken werden, während der Speckbaum *(Portulacaria afra)* auch mal mehrere Wochen ohne Wasser auskommt.
Umgekehrt faulen die Wurzeln des Jadebaums sehr schnell, wird er täglich gegossen, was dem Fukien-Tee an manchen Tagen gerade recht ist.
Ist man sich nicht sicher, welche Ansprüche der jeweilige Bonsai an die Bodenfeuchtigkeit stellt, gießt man immer dann, wenn die Bodenoberfläche leicht trocken geworden ist. So bekommt die Pflanze erst Wasser, wenn die noch in der Erde gespeicherte Feuchtigkeit zum großen Teil verbraucht ist.
In den folgenden Fällen muß man stets häufig gießen, und zwar unabhängig von der Pflanzenart:

- die Pflanze trägt viele große Blätter;
- der Bonsai wurde schon länger nicht mehr umgepflanzt;
- die Schale ist zu klein;
- die Schale ist extrem flach mit einer großen Substratoberfläche;
- der Raum ist gut geheizt.

Wird die Bodenoberfläche zum Beispiel innerhalb eines Tages wieder trocken, ist es möglich, durch ein Umpflanzen in neue Erde oder in eine größere Schale das häufige Gießen zu umgehen.

Gießen oder tauchen?

Grundsätzlich sollte man das Wässern möglichst einfach gestalten. Beim normalen Gießen reichern sich allerdings die im

Gießwasser gelösten Salze im Boden an und verursachen Wurzelschäden und Störungen bei der Wasseraufnahme. Hat man Regenwasser zur Verfügung, ist die Versalzungsgefahr gering.
Der Vorteil des Gießens liegt darin, daß der Aufwand nicht groß ist, die Erde gleichmäßig feucht gehalten werden kann und Staunässe nicht zu befürchten ist. Leider muß das Gießen relativ häufig und sehr regelmäßig durchgeführt werden.
Eine andere Möglichkeit, den Bonsai mit Wasser zu versorgen, ist das Tauchen. Man taucht den Wurzelbereich samt Schale solange unter Wasser, bis keine Luftblasen mehr hochsteigen. Hierbei ist die Gefahr, daß sich Salze in der Erde anreichern, sehr gering, da ein großer Teil des überschüssigen Wassers direkt nach dem Tauchen durch die Löcher der Bonsaischale abfließt und die meisten Salze wieder ausschwemmen. Das gilt leider auch für die Nährsalze, so daß häufiger gedüngt werden muß. Nachteilig ist, daß die Pflanze sehr naß wird. In hohen Bonsaischalen muß daher die Erde gut durchwurzelt sein. Außerdem sollte die Lufttemperatur so hoch liegen, daß die Feuchtigkeit zügig verbraucht wird und sich damit auf ein gesundes Maß reduziert. Zudem ist das Tauchen relativ aufwendig. Es hält aber – im Vergleich zum Gießen – einige Zeit vor, so daß es nicht jeden Tag wiederholt werden muß.
Besonders erfolgreich ist eine Mischung beider Bewässerungsmethoden. Man

Beim Tauchen wird die Bonsaischale nur ein paar Sekunden unter Wasser gehalten

Mit dem Gießball läßt sich das Wasser gleichmäßig verteilen

taucht einmal in der Woche oder auch in größeren Zeitabständen, und ansonsten wird die Pflanze gegossen, sobald die Substratoberfläche leicht trocken ist. Dadurch werden die Vorteile beider Bewässerungsverfahren kombiniert, ohne daß sich die Nachteile zu stark auswirken.

Wasserqualität

Die Beschaffenheit des Gießwassers hat einen großen Einfluß auf die Gesundheit der Pflanze. Deshalb im folgenden eine Wassertypologie, um die Auswahl des richtigen Gießwassers zu erleichtern.

Regenwasser

Die meisten Pflanzen lassen sich sehr gut mit Regenwasser versorgen. Es zeichnet sich durch einen minimalen Salzanteil und geringe Härte aus. Am besten zapft man eine Regenrinne an. Im Baustoffhandel werden Einsätze für Abflußrohre angeboten, mit denen man das Rohr beliebig öffnen oder schließen kann. Das zur Bewässerung von Pflanzen bestimmte Wasser leitet man in ein Vorratsfaß. Das Wasser zu Beginn eines Regengusses enthält verhältnismäßig große Schadstoffmengen und ist ziemlich sauer.
Deshalb läßt man erst dann Wasser ins Faß, wenn es bereits einige Zeit geregnet

Carmona microphylla darf niemals ganz trocken werden

hat und die Luftschadstoffe bereits abgeregnet sind.
Wird ausschließlich mit Regenwasser gegossen, sollte man zusätzlich mit etwas Kalk düngen.

Leitungswasser
Das Wasser aus der Leitung ist von Region zu Region sehr unterschiedlich. Ob es hart oder weich ist, hängt davon ab, auf welche Weise es gewonnen wird. So kann Talsperrenwasser sehr weich sein. Uferfiltrat weist dagegen oft hohe Kalk- und Salzanteile auf. Die für das jeweilige Leitungswasser zutreffenden Werte können beim Wasserwerk erfragt werden.

Pflanzen, die ein saures Bodenmilieu, also mit niedrigem ph-Wert (kleiner als 7) benötigen, dürfen nicht mit hartem, also stark kalkhaltigem Leitungswasser gegossen werden, weil dadurch der ph-Wert ansteigt.
Die durch Kalk verursachte Carbonathärte läßt sich durch Abkochen oder durch Stehenlassen reduzieren, der Salzgehalt verringert sich dadurch nur zum Teil. Dieser ist im Leitungswasser ebenfalls unterschiedlich, aber auf jeden Fall um ein Mehrfaches höher als beim Regenwasser. Deshalb muß so gewässert werden, daß

Portulacaria afra hält es einige Zeit auch ohne Wasser aus

sich diese Salze nicht im Boden anreichern. Also die Pflanze in regelmäßigen Abständen tauchen oder immer so kräftig gießen, daß ein großer Teil des Wassers durch die Löcher der Bonsaischale wieder abfließt.

Destilliertes und entionisiertes Wasser
Der Salzgehalt im Gießwasser kann durch Vermischen mit destilliertem oder entionisiertem Wasser leicht verringert werden. Mischt man im Verhältnis 1:1, verringert sich der Salzgehalt um die Hälfte. Wird nur destilliertes Wasser verwendet, kann sich wegen des sehr geringen Puffervermögens der ph-Wert des Substrats sehr schnell und sehr stark verändern, so daß die Pflanzen Schaden nehmen.

Brunnenwasser
Viele können sich auch aus dem eigenen Brunnen mit Grundwasser versorgen. Brunnenwasser sollte aber nur nach eingehender Untersuchung zum Gießen von Pflanzen verwendet werden. Der Salzgehalt des Grundwassers ist oft so hoch, daß das Wasser den Pflanzen schadet.

Am besten eignet sich demnach Regenwasser zur Versorgung von Zimmerbonsai. Um den Kalkgehalt des Bodens, der auch für die Mikroorganismen wichtig ist, nicht zu stark absinken zu lassen, kann zusätzlich in regelmäßigen Abständen hartes Leitungswasser verwendet werden.
Steht nur hartes Leitungswasser zur Verfügung, sollten keine Bäume gehalten werden, die einen niedrigen Boden-ph-Wert brauchen. Weiches Leitungswasser kann man dagegen sehr gut für solche Pflanzen verwenden.
Grundsätzlich sollte bei Verwendung von Leitungswasser einmal im Jahr die Erde zu zwei Dritteln ausgetauscht werden.

Düngung

Ein Zimmerbonsai muß selbst im Vergleich zu einer normalen Zimmerpflanze mit einer sehr bescheidenen Substratmenge auskommen. Daher kann man auf eine Düngung nicht verzichten, wenn die Pflanze gesund bleiben soll. Im Handel werden folgende Dünger angeboten:

Mineraldünger
Ein Mineraldünger stellt die Düngestoffe in Form von Salzen zur Verfügung. Bei Flüssigdünger sind diese in Wasser gelöst. Mineraldünger werden von der Pflanze sofort aufgenommen, erhöhen aber auch den Salzgehalt des Pflanzsubstrats. Da bei den meist kleinen Gefäßen das Bodenklima sehr sensibel ist, muß man bei der Verwendung von Mineraldünger äußerst vorsichtig sein. Die Dosierungsvorschrift sollte eher unterschritten werden.

Dauerdünger
Wenn man Probleme hat, die Düngetermine einzuhalten, sollte man Dauerdünger verwenden. Auf diese Weise werden die Pflanzen über einen längeren Zeitraum mit Nährstoffen versorgt. Eine Düngung kann für mehrere Monate ausreichen. Auch hier besteht die Gefahr von Fehldosierungen.

Stickstoffmangel

Organischer Dünger

Im organischen Dünger ist der Dünger Bestandteil einer organischen Substanz und erst dann für die Pflanze verfügbar, wenn diese Substanz durch Mikroorganismen zersetzt wird. Dies geschieht so langsam, daß die Pflanze die freiwerdenden Nährstoffe direkt verbraucht. Eine Anreicherung von Salzen ist nicht zu befürchten. Deshalb ist diese Düngeform schonender, benötigt allerdings etwas Zeit und eine gesunde Bodenflora, um Wirkung zu zeigen.

Durch regelmäßiges Düngen ist die Versorgung der Pflanze mit den Hauptnährstoffen Stickstoff, Phosphor und Kalium sichergestellt. Außerdem enthalten viele Dünger auch Spurenelemente wie Bor, Kupfer und Mangan. Da man durch falsches Düngen auch Schäden verursachen kann, sollten die folgenden Düngetips beachtet werden:

- Niemals auf trockenes Substrat düngen. Am besten die Pflanze vor dem Düngen kräftig gießen oder tauchen
- Mineraldünger stärker verdünnen, als in der Gebrauchsanleitung vorgeschrieben. Dafür aber etwas häufiger düngen!
- Hat man einmal zu viel gedüngt, am besten den Wurzelballen mit Wasser durchspülen
- Frisch umgetopfte Pflanzen frühestens nach zwei Wochen wieder düngen, da das neue Substrat genügend Nährstoffreserven hat
- Im Winter grundsätzlich weniger düngen, da die meisten Pflanzen in der lichtarmen Jahreszeit kaum wachsen
- Bei akutem Nährstoffmangel immer Flüssigdünger einsetzen

Neben diesen generellen Regeln sollte man auch die speziellen Bedürfnisse der einzelnen Pflanzen berücksichtigen (siehe »Zimmerbonsaipflanzen von A-Z«).
Sollte die Pflanze einen Mangel an Spurenelementen haben, kann man diesen mit speziellen Präparaten beseitigen, die im Fachhandel erhältlich sind. Außerdem sei nochmal darauf hingewiesen, daß auch ein Zuviel an Dünger zu Krankheitssymptomen führen kann. Wird zum Beispiel regelmäßig mit kalkhaltigem Leitungswasser gegossen, sollte der verwendete Dünger keinen Kalkanteil haben.

Kaliummangel

Phosphormangel

Typische Mangelerscheinungen	
Nährstoffe	Symptome
Stickstoff (N)	schwaches Wachstum, hellgelbe Blattfärbung
Phosphor (P)	schwaches Wachstum, Blühunwilligkeit, manchmal rötlich verfärbte Blätter
Kalium (K)	geringe Widerstandsfähigkeit gegen Krankheit und Frost, braune bis gelbliche Blattränder, Absterben ganzer Blätter
Calcium (Ca)	schwaches Wachstum, Krankheitsanfälligkeit, gelber Austrieb
Magnesium (Mg)	gelbliche Verfärbung älterer Blätter bei grünen Blattadern (Chlorose)
Bor (B)	junge Triebe vergilben und sterben ab
Kupfer (Cu)	weiße Blattspitzen
Mangan (Ma)	unregelmäßige, braune Blattflecken
Eisen (Fe)	hellgelber Austrieb
Molybdän (Mo)	junge Blätter verformen sich und verfärben sich gelb

Schädlinge und Krankheiten

Da Zimmerbonsai nicht in ihrem natürlichen Klima gehalten werden, sind sie besonders anfällig für Schädlinge. Es gibt Schädlinge, die nur bestimmte Pflanzen befallen, und andere, die fast an jeder Pflanze vorkommen können.
Grundsätzlich ist eine Bekämpfung mit chemischen Mitteln in der Wohnung problematisch, da die eingesetzten Gifte auch für Menschen schädlich sind. Ist eine Bekämpfung ohne solche Mittel nicht möglich, sollte die Behandlung in die warme Jahreszeit verlegt werden, wenn der Baum im Freien stehen kann.

Weiße Fliegen

Die Larven dieses kleinen weißen Falters saugen an der Pflanze. Dabei geben sie eine klebrige Flüssigkeit ab, auf welcher der Schwarze Rußtaupilz wächst, der der Pflanze das Licht nimmt. Die ausgewachsenen Weibchen legen über einen gewissen Zeitraum hinweg jeden Tag nur wenige Eier ab, was bedeutet, daß auch jeden Tag ein paar neue Tiere schlüpfen. Dies erschwert ihre Bekämpfung. Mit Gift erreicht man oft nur die ausgewachsenen Tiere. Bewährt haben sich die sogenannten Gelbtafeln. Da die Weiße Fliege von gelber Farbe angelockt wird, fliegt sie die mit Leim bestrichenen Tafeln an und bleibt kleben. Eine im Handel erhältliche Schlupfwespe legt ihre Eier in die Larve ab. Diese dient dann als Futter für die junge Schlupfwespe. Von der Weißen Fliege werden besonders häufig die Sageretie *(Sageretia theezans)*, der Granatapfel *(Punica granatum)*, die Fuchsie *(Fuchsia)* und der Hibiskus *(Hibiscus rosa-sinensis)* befallen. Sie kann aber auch durchaus auf andere Pflanzenarten überwechseln.

Weiße Fliegen

Spinnmilben

Das kleine, schwer zu erkennende Spinnentier saugt über mehrere Larvenstadien an der Pflanze. Das Laub zeigt eine matte, gelblichgrün melierte Farbe. Leicht zu erkennen sind die alten Hüllen, die nach jeder Häutung der Larven anfallen und als weiße, feine Pünktchen unter den Blättern

Spinnmilben

zu finden sind. Einige Pflanzen vertragen eine gewisse Spinnmilbenpopulation und richten sich darauf ein. Hierzu zählen einige *Ficus*-Arten wie die Birkenfeige *(Ficus benjamina)*. Andere Arten verlieren sehr schnell das gesamte Laub. Wenn danach die neuen Triebe befallen werden und diese absterben, ist die Pflanze kaum noch zu retten.
Die meisten der im Handel befindlichen Spritzmittel gegen Spinnmilben wirken nur gegen die ausgewachsenen Tiere. Einige Larvenstadien und die Eier werden nicht geschädigt. Deshalb ist eine mehrmalige Behandlung notwendig. Es können in der Wohnung auch Raubmilben eingesetzt werden. Diese fressen die Spinnmilben, ohne der Pflanze zu schaden. Raubmilben bezieht man über den Handel.
Chinesische Ulmen *(Ulmus parvifolia)* und *Ficus*-Arten werden häufig von Spinnmilben befallen. Von hier aus wechselt die Spinnmilbe dann auch auf andere Pflanzen.

Schildläuse

Auch Schildläuse sind kleine saugende Tiere, die über mehrere Larvenstadien, von denen die meisten unbeweglich sind, an der Pflanze saugen. Sie werden von einer flachen Wachskuppel geschützt. Zu erkennen sind Schildläuse im Anfangsstadium nur durch ihr klebriges Sekret. Schildläuse bevorzugen *Ficus*-Arten und Myrten. Der Befall kann durch regelmäßiges Absammeln reduziert werden. Bei starkem Befall sollte man die chemische Bekämpfung einem Fachmann überlassen.

Wolläuse

Wolläuse sind leicht an ihrer watteartigen, weißen Wachsausscheidung zu erkennen. Man kann sie bei nicht zu starkem Befall absammeln.
Soll ein Gift eingesetzt werden, muß man diesem ein Benetzungsmittel zufügen, da sonst die wasserabweisende Wachsausscheidung das Tier schützt. Wolläuse sind nicht häufig, tauchen aber regelmäßig an fast allen Pflanzen auf.

Schildläuse

Wolläuse

Blattläuse

Die saugenden Blattläuse befallen besonders gern den Fukien-Tee *(Carmona microphylla)*, den Granatapfel *(Punica granatum)* und die Sageretie *(Sageretia theezans)*, aber auch durchaus andere Pflanzen. Im Anfangsstadium, wenn sie noch keine Eier abgelegt haben, lassen sie sich durch eine kräftige Dusche abspülen. Später können die Pflanzen mit einem nützlingsschonenden Spritzmittel gegen saugende Insekten behandelt werden.

Schadpilze

Bei ungünstigen Pflegebedingungen können Zimmerbonsai von verschiedenen schädlichen Pilzen befallen werden. Sie zeigen sich unter anderem an braunen Blattspitzen, einem weißen Belag auf den Blättern und an schwarzen Triebspitzen. Wird ein Pilzbefall vermutet, sollte man sich Rat im Bonsaifachhandel einholen. Meist kann dort eine sichere Diagnose gestellt und eventuell auch die Behandlung durchgeführt werden.

Schwarzer Rußtaupilz

Blattläuse

Echter Mehltau

Zimmerbonsaipflanzen von A–Z

Die Pflanzenporträts sind alle nach dem gleichen Schema aufgebaut. Dem botanischen und deutschen Namen folgt eine kurze Beschreibung des Erscheinungsbildes der jeweiligen Pflanze. Ab und an tragen Zimmerbonsai auch Früchte. Selbst bei ansonsten eßbaren Früchten, wie zum Beispiel Citrusfrüchten, muß vom Verzehr abgeraten werden, da man nie weiß, mit welchen Pflanzenschutzmitteln die Pflanze vor dem Kauf behandelt wurde.
Die Beschreibung schließt mit den speziellen »Bonsai-Eigenschaften« der Pflanze. Dann erleichtern die folgenden Rubriken das Auffinden der Informationen.

Standort:
Lichtbedarf, Temperaturbedürfnisse und empfehlenswerte Standortwechsel. Den Lichtbedarf findet man auch am Anfang eines jeden Porträts: ● = schattig, ◑ = halbschattig, ○ = hell bis sonnig.

Substrat:
genaue Angaben zur Substratmischung. Normalerweise wechselt man das Substrat alle zwei Jahre. Abweichungen von dieser Regel werden stets erwähnt.

Wasserversorgung:
Wie oft und mit welchem Wasser muß man gießen? Gibt es jahreszeitliche Unterschiede?

Düngen:
geeignete Düngesorten und der richtige Düngerhythmus.

Gestaltung:
mögliche Stilarten, Tips zu den Themen Drahten, Spannen und Rückschnitt.

Pflanzenbeschaffung:
Womit fängt man am besten an? Mit Samen, Stecklingen oder einer Topfpflanze?

Schädlinge:
alle Schädlinge, gegen die die Pflanze besonders anfällig ist.

Arbutus unedo

Erdbeerbaum ○ – ◑

Der Erdbeerbaum hat seine Heimat hauptsächlich im Mittelmeerraum. Hier bildet er Großsträucher oder auch kleine Bäume, deren Stämme eine braune, rissige Borke entwickeln. Die spröden Äste tragen wechselständige, ledrige, glatte und gesägte Blätter von der Größe eines Eichenblattes. Die im Herbst erscheinenden, maiglöckchenähnlichen Blüten stehen zu vielen zusammen und entwickeln sich zu roten, runden Früchten mit rauher Oberfläche, die an Erdbeeren erinnern. In Portugal wird aus den eßbaren Früchten ein Likör gefertigt.
Wegen der großen Blätter sollte die Pflanze eine Mindesthöhe von 50 cm erreichen können. Sie ist bisher nur selten als Bonsai gezogen worden.

Standort: ganzjährig halbschattig bis sonnig. Den Sommer sollte *Arbutus unedo* im Freien verbringen. Den Winter kann er entweder frostfrei, aber kalt oder in der Wohnung in einem ungeheizten Raum gehalten werden.

Substrat: eine Mischung aus Lehmgranulat, Sand und Pikiererde im Verhältnis 3:2:1. Bei jungen Pflanzen wird diese alle zwei Jahre zu zwei Dritteln ausgewechselt. Ältere Pflanzen können bei regelmäßiger Nährstoffversorgung auch länger im gleichen Substrat stehen.

Wasserversorgung: Mit normalem Leitungswasser gleichmäßig feucht halten. Der Erdbeerbaum verbraucht an warmen

Arbutus unedo, Jungpflanze

Tagen viel Wasser. Kurzzeitige Trockenheit wird meist toleriert. Wird er im Winter in der Wohnung gehalten, darf er ebenfalls nicht zu trocken stehen. Um den richtigen Gießrhythmus zu finden, beobachtet man die Substratoberfläche. Ist diese nur noch leicht feucht oder gerade trocken, kann wieder gegossen werden.

Düngen: während der Wachstumszeit alle zwei Wochen mit einem organischen Bonsaidünger. Steht der Baum im Winter bei Temperaturen unter 12 °C, muß er in dieser Zeit nicht gedüngt werden. Verbringt er den Winter in der Wohnung in einem ungeheizten Raum, sind Düngergaben im Vierwochenrhythmus notwendig.

Gestaltung: Die aufrechte Form ist neben der Besenform die beliebteste Stilart. Andere Stilarten kann man nur bei sehr frühzeitigem Gestaltungsbeginn erreichen oder wenn der Stamm zufällig etwas anderes vorgibt. Der Rückschnitt erfolgt bei jungen Pflanzen ab einer Trieblänge von ca. 20 cm auf ein bis drei Blätter. Bei großen Blattabständen bleibt im äußeren Kronenbereich nur ein Blatt stehen.

Die beim Entfernen stärkerer Äste entstandenen Schnittstellen sollten sofort mit einem Wundverschlußmittel versorgt werden, um ein zügiges Verheilen zu gewährleisten.

In der Regel kann man nur einjährige Äste drahten, ohne bleibende Spuren in der Rinde zu hinterlassen. Ältere Äste sind sehr brüchig und steif. Wenn sie überhaupt noch verändert werden können, kann man sie durch eine Spannvorrichtung in Form bringen.

Pflanzenbeschaffung: Eine Vermehrung durch Stecklinge ist möglich. Manchmal sind Topfpflanzen – oft besonders große – im Blumenhandel erhältlich.

Im Bonsaifachhandel wird der Erdbeerbaum nicht geführt, deshalb muß man die Gestaltung selbst in die Hand nehmen.

Schädlinge: Beim Bonsai-Erdbeerbaum wurden bisher keine Schädlinge beobachtet, die besonders häufig auftreten.

Bougainvillea glabra

Drillingsblume ○

Die in den gesamten Tropen verbreitete strauchförmige oder rankende Pflanze stammt ursprünglich aus Brasilien. Der Stamm ist im Alter hellbeige gefärbt. Die spitzeiförmigen, glattrandigen, grünen Blätter sind wechselständig angeordnet. Zur Blütezeit verfärben sich die endständigen Blätter (Hochblätter), die dann zu dritt die unscheinbare Blüte umgeben, violett oder rot bis orange. Inzwischen sind auch viele andersfarbige Sorten bekannt.
Da die Drillingsblume rankt, ist es schwierig, sie gleichzeitig in Form zu halten und dabei eine Blüte zu erzielen.

Standort: hell und sonnig. Im Sommer gedeiht die Pflanze im Freien besser als in der Wohnung. Den Winter sollte sie in einem kühlen, ungeheizten Zimmer verbringen. Für die Blüte ist es förderlich, wenn der Baum noch kälter, aber frostfrei stehen kann. In der Regel wirft er dann sein Laub ab, treibt im Frühjahr wieder aus und blüht in hellen, warmen Jahren schon im Frühjahr.

Substrat: eine Mischung aus Lehmgranulat, Sand und Pikiererde im Gewichtsverhältnis 2:1:1. Andere, gut durchlässige Mischungen sind auch möglich.

Wasserversorgung: mit dem Laubaustrieb im Frühjahr reichlich, aber immer dem Verbrauch angepaßt. An warmen Tagen mehr und an kühlen Tagen weniger. Auch im Winter, besonders im laublosen Zustand, wird erst Wasser gegeben, wenn die Oberfläche der Erde trocken ist. Es kann mit Leitungswasser gegossen werden.

Düngen: von März bis Ende August alle vierzehn Tage mit einem organischen Bonsaidünger. Im Winter wird nicht gedüngt.

Bougainvillea glabra, Jungpflanze

Gestaltung: Alle Stilarten sind möglich und gleich schwierig. In den ersten Jahren, in denen die spätere Form festgelegt wird, sollte die Blüte im Hintergrund stehen. Die Ranken können kräftig durchtreiben und werden dann stark zurückgeschnitten. So erreicht man ein starkes Dickenwachstum. Gedrahtet wird nur das erste Stück des jeweiligen Triebes. Der Rest, der später weggeschnitten wird, sollte frei wachsen. Der Rückschnitt erfolgt bei jungen Pflanzen ab einer Trieblänge von 30–40 cm. Je nach Stellung des Astes in der Krone schneidet man mehr oder weniger stark zurück, in der Regel auf ein bis fünf Blätter. Ältere Bäume können schon ab einer Trieblänge von 10 cm zurückgeschnitten werden. Ältere Äste lassen sich meist nicht mehr durch Drahten in Form bringen und müssen deshalb gespannt werden.

Pflanzenbeschaffung: Die Drillingsblume läßt sich durch Stecklinge vermehren. Jungpflanzen erhält man im Blumenhandel oder Gartencenter. Bereits gestaltete Pflanzen sind selten.

Schädlinge: Trockene Heizungsluft begünstigt die Spinnmilbe.

Buddleja indica, nach der ersten Gestaltung

Buddleja indica
Zimmereiche

○

Der in Madagaskar beheimatete immergrüne Strauch (auch bekannt als *Nicodemia diversifolia)* bildet gegenständige Blätter, die wegen ihrer leichten Einbuchtungen an Eichenlaub erinnern. Die unscheinbaren, gelblichen Blüten sitzen in kleinen Trauben zusammen.
Die Zimmereiche stellt keine besonderen Ansprüche und eignet sich auch für Räume mit häufigen Temperaturwechseln. Sie ist als Bonsai noch nicht sehr verbreitet.
Standort: hell, möglicherweise für Stunden der Sonne ausgesetzt. Pralle Mittagssonne ist allerdings zu vermeiden. Im Sommer kann die Zimmereiche auch im Freien gehalten werden. Den Winter verbringt die Pflanze am besten in einem kühlen, ungeheizten Raum. Möglich ist auch ein tagsüber geheizter, nachts aber kühler Raum.
Substrat: eine Mischung aus Lehmgranulat, Sand und Pikiererde zu gleichen Teilen. Alle zwei Jahre sollte man zwei Drittel der Erde bei gleichzeitigem Wurzelschnitt erneuern.
Wasserversorgung: Leitungswasser kann verwendet werden. Im Sommer an heißen Tagen mehrmals gießen. Gewässert wird, sobald die Oberfläche des Pflanzsubstrats leicht trocken ist. Steht die Pflanze im Winter kühl, muß man nicht mehr so oft wässern.
Düngen: mit einem organischen Bonsaidünger während der Wachstumszeit alle zwei Wochen. Im Winter reichen Nährstoffgaben in Abständen von vier bis sechs Wochen.
Gestaltung: Wegen der Blattgröße sollte eine Baumhöhe von mindestens 30 cm angestrebt werden. Mit der Gestaltung muß man frühzeitig beginnen, weil sich ältere Pflanzenteile nur noch schwer formen lassen. Die Besenform und die aufrechte Form lassen sich durch gezielten Rückschnitt erzielen. Bei der Kaskadenform muß gedrahtet oder gespannt werden. Einjährige Zweige lassen sich noch leicht drahten. Ältere Äste muß man spannen. Der Rückschnitt erfolgt bei jungen, noch zu entwickelnden Pflanzen ab einer Trieblänge von 10–20 cm. Bei älteren, schon gut entwickelten Exemplaren kann auch bereits früher geschnitten werden, was die feine Verzweigung fördert.
Pflanzenbeschaffung: Die Zimmereiche läßt sich durch Stecklinge vermehren. Topfpflanzen sind manchmal im Blumenhandel oder in Gartencentern zu bekommen. Auch als gestaltete Pflanze wird sie manchmal im Bonsaihandel angeboten.
Schädlinge: Die Zimmereiche wird nicht selten von der Weißen Fliege befallen.

Buxus harlandii

Buchsbaum ○

Der aus China stammende immergrüne Strauch mit kleinen, lanzettlichen Blättern bildet einen korkigen, stark gefurchten, hellbeigefarbenen Stamm. Die gelblichgrünen Blütenstände sind unscheinbar, werden aber in großer Zahl ausgebildet.
Nur wenige Exemplare überleben die Pflege in hiesigen Wohnungen längere Zeit. Auf Dauer scheinen nur erfahrene Bonsailiebhaber diese Pflanze halten zu können. Für Anfänger ist sie also ungeeignet!
Standort: ein heller, sonniger Platz in der Wohnung. Im Sommer kann man den Bonsai-Buchsbaum auch ins Freie stellen. Den Winter verbringt die Pflanze am besten in einem ungeheizten, kühlen Raum. Hier werden Temperaturen zwischen 5 und 18°C vertragen.
Substrat: eine Mischung aus Lehmgranulat, Sand und Pikiererde im Gewichtsverhältnis 3:1:1. Die Erde sollte nicht sauer sein (sauer: ph-Wert kleiner als 7).
Wasserversorgung: kalkhaltiges Leitungswasser verwenden. Im Sommer verbraucht der Buchsbaum an warmen Tagen viel Wasser. Es muß darauf geachtet werden, daß er nicht ganz trocken wird. Im Winter weniger gießen. Die Erdoberfläche sollte dann vor dem Gießen leicht trocken sein. Je kühler *Buxus* steht, um so weniger Wasser braucht er.
Düngen: vom Frühjahr bis zum Spätsommer alle zwei Wochen mit einem organischen Bonsaidünger. Im Winter reicht eine einmalige Düngung.
Gestaltung: Alle Stilarten sind denkbar. Extremformen wie die Kaskadenform müssen rechtzeitig angelegt werden, da sich mehrjährige Stämme nicht mehr verbiegen lassen, ohne daß die Rinde Schaden nimmt. Ein- bis zweijährige Äste lassen sich noch drahten. Ältere Äste werden, wenn noch möglich, durch eine Spannvorrichtung in die gewünschte Form gebracht.
Der Rückschnitt erfolgt ab einer Trieblänge von 10 cm auf 1–2 cm.
Pflanzenbeschaffung: Buchsbäume lassen sich leicht durch Stecklinge vermehren. Jungpflanzen sind nur selten zu bekommen. Bereits gestaltete Pflanzen werden regelmäßig angeboten oder können auf Wunsch besorgt werden.
Schädlinge: *B. harlandii* ist kaum anfällig für Schädlinge.

Camellia japonica

Kamelie ○–◑

Das in seiner Heimat Japan und Korea sowohl strauchförmig als auch baumförmig wachsende Gehölz entwickelt einen schönen, glatten Stamm. An den hellbraunen Ästen sind die oberseits glänzenden, derben Blätter wechselständig angeordnet. Die große Blüte entwickelt sich aus kräftigen Knospen im zeitigen Frühjahr. Es sind zahlreiche Zuchtformen bekannt, die sich unter anderem in Blütenfarbe, -form und -größe unterscheiden.
Zur Bonsaigestaltung eignen sich besonders die kleinblättrigen Sorten und Hybriden wie zum Beispiel 'Cornish Snow' oder 'Cornish Spring'. Die Kamelie verliert ihre Blütenknospe, wenn sie vor der Blüte gravierenden Klimaveränderungen ausgesetzt ist, wie zum Beispiel das Absinken der Luftfeuchtigkeit beim Heizungsbetrieb im Winter.
Standort: im Sommer ein heller, halbschattiger, warmer Platz, womöglich im Freien. Sobald dann im Herbst die ersten Fröste zu erwarten sind, sollten Pflanzen, die bis dahin im Garten oder auf dem Balkon standen, wieder in die Wohnung geholt

Buxus harlandii, etwa 15 Jahre alt

Camellia japonica, etwa 10 Jahre alt

werden. Hier verbringen sie den Winter kühl, bei nicht zu niedriger Luftfeuchtigkeit. An geschützten, frostfreien Stellen werden Kamelien auch erfolgreich im Freien überwintert.

Substrat: muß sauer sein (ph-Wert 5,5). Es eignet sich eine Mischung aus Moorbeeterde, Sand und Lehmgranulat im Gewichtsverhältnis 2:1:1. Andere saure Mischungen, zum Beispiel mit dem japanischen Azaleensubstrat, sind auch möglich. Bei jungen Pflanzen wird die Erde alle zwei Jahre, bei älteren alle drei bis fünf Jahre zur Hälfte ausgewechselt.

Wasserversorgung: Am besten Regenwasser. Kamelien können im Sommer gut feucht gehalten werden, sollten aber im Winter wenig Wasser bekommen.

Düngen: alle vierzehn Tage mit einem organischen Bonsaidünger ab dem Erscheinen der Blüten. Die letzte Düngung erfolgt Anfang Juli, um die Anlage von Blütenknospen zu fördern.

Gestaltung: Kamelien reagieren auf Rückschnitt und Drahtung oft unberechenbar. Deshalb ist bei der Gestaltung Vorsicht geboten. Leicht zu erzielen ist die aufrechte Form. Wegen der großen Blätter sollte die Mindesthöhe 40 cm betragen.

Einjährige Triebe können vorsichtig und locker gedrahtet werden. Ältere Äste werden gespannt.

Der Neuaustrieb, der sich im Frühjahr nach der Blüte entwickelt, wird je nach Entwicklungsstand und geplanter Größe der Pflanze ab einer Länge von 10–20 cm auf ein bis drei Blätter zurückgeschnitten.

Die Grundgestaltung einer älteren Rohpflanze nimmt man am besten im Frühjahr vor. Größere Schnittstellen, die gut versorgt wurden, wachsen dann zügig zu.

Pflanzenbeschaffung: Das Vermehren von Kamelien bedarf einiger Erfahrung. Will man einen Kamelien-Bonsai selbst gestalten, greift man am besten auf die in großer Vielfalt im Pflanzenhandel angebotenen Topfpflanzen zurück.

Gestaltete Kamelien tauchen im Handel nur selten auf und sind dann meist noch sehr jung.

Schädlinge: Kamelien sind nicht sehr schädlingsanfällig.

Carmona microphylla

Fukien-Tee ◑

Der Fukien-Tee, der nach der chinesischen Provinz Fukien benannt ist, stammt aus Asien. Der korrekte botanische Name lautet *Ehretia buxifolia*, das Synonym *Carmona microphylla* ist allerdings viel bekannter. Der immergrüne Strauch, dessen Rinde eine unregelmäßige, nach wenigen Jahren schon sehr alt erscheinende Oberfläche bildet, entwickelt kleine, meist am Ende dreilappige, glänzende Blättchen, die in Viererbüscheln wechselständig angeordnet sind und auf der Oberfläche kräftige, kurze, helle Haare aufweisen. Aus den kleinen, weißen Blüten können sich rote, nicht eßbare Beeren entwickeln.

Im Handel sind zwei Varianten zu bekommen: eine kleinblättrige, meist nur jung erhältliche Art *(C. microphylla)* und eine Art mit größeren Blättern *(C. macrophylla)*, die häufig bereits einen kräftigeren Stamm ausgebildet hat. Die zuletzt genannte Art ist die robustere und deshalb der anderen vorzuziehen.

Standort: das ganze Jahr über warm. Im Sommer kann der Fukien-Tee auch im Freien an einer halbschattigen Stelle plaziert werden. Den Winter über, wenn die Luftfeuchtigkeit im Raum durch die Heizung stark absinkt, sollte die Pflanze auf einem Tablett stehen, das mit kleinen Hydrokugeln und Wasser gefüllt ist. Die Bonsaischale wird so auf die Hydrokugeln gestellt, daß die Erde keinen Kontakt zum Wasser hat. Das Wasser wird regelmäßig nachgefüllt.

Substrat: Die meisten Pflanzen stammen aus China und werden in stark lehmiger Erde importiert. Durch das Gießen verdichtet die Erde sehr schnell und kann die Wurzeln nicht mehr mit genügend Sauerstoff versorgen. Aus diesem Grund muß die lehmige Erde möglichst bald ausgewechselt werden. Da der Fukien-Tee sehr empfindlich auf das Reduzieren der Wurzeln reagiert, sollte das Auswechseln in Etappen geschehen. Als neues Pflanzsubstrat eignet sich wegen der ähnlichen Zusammensetzung am besten Lehmgranulat. Im Gegensatz zur alten Erde behält es seine körnige Struktur relativ lange. Später kann dann zu einer Mischung aus Lehmgranulat, Sand und Pikiererde zu gleichen Teilen übergegangen werden. Die Erde wechselt man am besten im Frühjahr.

Jungen Pflanzen gibt man alle zwei Jahre neue Erde. Ältere Bonsai können auch – wenn mit Regenwasser gegossen wird – seltener umgepflanzt werden.

Wasserversorgung: möglichst gleichmäßig feucht halten. Man verwendet am besten Regenwasser oder gut abgestandenes Leitungswasser. Wird das Gießen einmal vergessen und der Ballen total trocken, ist die Pflanze meist nicht mehr zu retten!

Düngen: vom Frühjahr bis zum Herbst alle zwei Wochen, im Winter alle vier Wochen mit einem organischen Bonsaidünger.

Gestaltung: Alle japanischen Stilarten sind denkbar. Ein- bis zweijährige Äste lassen sich durch Drahten noch gut in Form bringen. Kräftigere Äste sollten mit Spanndrähten in die gewünschte Richtung gebracht werden, um die Rinde zu schonen.

Die Variante mit den größeren Blättern weist meist schon beim Kauf eine ausgeprägte Form auf, die es zu erhalten oder zu vervollkommnen gilt. Die kleinblättrige Form ist dagegen meist nur kugelförmig und klein gehalten worden und nur selten gestaltet. Hier sind meist größere Eingriffe notwendig. Die Gestaltung kann das ganze Jahr über vorgenommen werden. Voraussetzung ist, daß die Pflanze nicht erst vor kurzem umgepflanzt wurde. Den sehr

Carmona microphylla, etwa 30 Jahre alt, Sammlung Rüger

steifen Neuaustrieb schneidet man ab einer Länge von 10–20 cm, je nach Entwicklungsstand der Pflanze, auf ein bis drei Blattbüschel zurück.
Müssen bei der Gestaltung ältere Äste entfernt werden, sollte man die Schnittstellen gut verschließen, um zügiges Zuwallen der Wunde zu gewährleisten.

Pflanzenbeschaffung: Der Fukien-Tee ist eine der am häufigsten angebotenen Bonsaipflanzen. Er ist oft sogar in Baumärkten und auf dem Jahrmarkt zu bekommen. Vermehrt werden kann er leicht durch Stecklinge, aber auch durch Aussaat.
Schädlinge: Der Fukien-Tee gehört zu den Lieblingspflanzen verschiedener Lausarten.

Citrus

Citrusbäume ○

Citrusbäume sind mit etwa 60 Arten in allen subtropischen Gebieten der Erde anzutreffen und werden hier wegen der eßbaren Früchte seit Jahrhunderten kultiviert. Es handelt sich in der Regel um kleine, immergrüne Bäume, an deren stacheligen Zweigen die eiförmigen Blätter wechselständig angeordnet sind. Die weißen Blüten erscheinen an jungen Trieben und entwickeln sich zu den bekannten Citrusfrüchten.

Wegen der relativ großen Blätter sollte bei einem Citrusbonsai eine Mindesthöhe von 50 cm angestrebt werden. Will man die Früchte mit in die Gestaltung integrieren, ist dies nur bei den kleinfrüchtigen Arten sinnvoll.

Standort: das ganze Jahr hindurch ein heller, sonniger Platz. Im Sommer gedeihen Citrusbäume besonders gut im Garten oder auf dem Balkon. Den Winter verbringen sie in der Wohnung in einem ungeheizten Raum an einer hellen Stelle. Auch Wintergärten oder Glashäuser im Garten können als Überwinterungsquartiere dienen, allerdings nur, wenn sie frostfrei sind.

Substrat: leicht sauer (ph-Wert unter 7). Es kann eine Mischung aus japanischem Azaleengranulat, Lehmgranulat, Sand und Pikiererde im Gewichtsverhältnis 2:1:1:1 verwendet werden. Alle zwei bis drei Jahre erneuert man die Hälfte der Erde. Bei dieser Gelegenheit immer einen Wurzelschnitt durchführen.

Wasserversorgung: Man verwendet am besten Regenwasser. Im Sommer brauchen Citrusbäume viel Wasser. Im Winter wird der Ballen dagegen nur leicht feucht gehalten. Faustregel: Je kälter der Baum steht, um so weniger Wasser braucht er.

Düngen: vom Frühjahr bis zum Herbst alle zwei Wochen mit einem organischen Bonsaidünger. Im Winter muß nicht gedüngt werden.

Gestaltung: Die bekannten Stilarten sind alle denkbar, wenn mit der Gestaltung frühzeitig begonnen wird. Mehrjährige Stämme oder ältere Zweige lassen sich nämlich nicht mehr verformen. Durch gezielten Rückschnitt kann man sogar ohne Verwendung von Draht die Besenform erreichen.

Soll eine andere Form entstehen, muß entweder gedrahtet oder gespannt werden. Einjährige Äste lassen sich noch drahten. Ältere Äste müssen durch Spannen in die gewünschte Richtung gebracht werden, um Drahtspuren in der Rinde zu vermeiden. Der Rückschnitt erfolgt ab einer Trieblänge von 10–20 cm auf ein bis drei Blätter.

Pflanzenbeschaffung: Citrusbäume können durch Aussaat der entsprechenden Obstkerne vermehrt werden. Die so entstehenden Pflanzen blühen allerdings erst nach vielen Jahren.

Im Blumenhandel oder in Gartencentern werden Zwerg- oder Zierapfelsinen angeboten, die auch wegen ihrer kleinen Früchte für die Bonsaigestaltung nicht uninteressant sind. Als fertige Bonsai sind Citrusbäume nur ausnahmsweise im Handel. Hier handelt es sich meist um Veredelungen.

Schädlinge: Hält man den Citrusbaum im Winter zu warm und bei trockener Luft, wird er sehr schnell von Spinnmilben befallen. Auch Schildläuse sind bei Citrusbäumen nicht selten.

Citrus, etwa 8 Jahre alt

Crassula ovata

Geldbaum ○

Dieser in Südafrika beheimatete sukkulente Strauch entwickelt dicke, wasserhaltige, runde und gegenständige Blätter. Der dicke, im Alter auch knorrige Stamm trägt seine kräftigen Äste sehr gleichmäßig verteilt. Die kleinen, sternförmigen, weißen bis rosafarbenen Blüten entwickeln sich im Frühjahr an den Triebenden.
Wegen seines ohnehin sehr baumförmigen Aussehens liegt es nahe, das Gehölz auch als Bonsai zu halten. Aufgrund ihrer Anspruchslosigkeit kann diese Pflanze auch Anfängern empfohlen werden. Sie wird oft mit dem Speckbaum *(Portulacaria afra)* verwechselt.
Standort: hell, wenn möglich mit Sonnenbestrahlung. Im Sommer kann der Geldbaum auch im Freiland gehalten werden. Da er keinen Frost verträgt, wird er in der kalten Jahreszeit in einem kühlen Raum in der Wohnung aufgestellt.
Substrat: eine Mischung aus Lehmgranulat, Sand und Pikiererde im Gewichtsverhältnis 3:2:1. Alle zwei bis drei Jahre wird der größte Teil der Erde ausgewechselt.
Wasserversorgung: Im Sommer wird die Pflanze gleichmäßig feucht gehalten. Allerdings erträgt sie auch Trockenheit. Im Winter sollte sie stets trockener stehen. Es kann mit normalem Leitungswasser gegossen werden.
Düngen: vom Frühjahr bis zum Herbst alle drei bis vier Wochen mit einem stickstoffarmen Dünger (z. B. Kakteendünger). Im Winter nicht düngen.
Gestaltung: Die Pflanze zeigt von Natur aus eine sehr gleichmäßige Anordnung der Äste, was sie als Bonsai eher langweilig macht. Diese Regelmäßigkeit muß deshalb bewußt durch Entfernen einiger Äste unterbrochen werden. Junge Äste lassen sich durch Drahten in die gewünschte Richtung bringen. Der Draht wächst allerdings sehr leicht ein, da das Dickenwachstum zu bestimmten Zeiten sehr schnell voranschreitet.
Der Rückschnitt erfolgt ab einer Trieblänge von 5–10 cm. Dabei orientiert man sich an der gewünschten Endhöhe. Nur ein bis drei Blattpaare läßt man stehen, je nach Stellung des Astes in der Krone.
Pflanzenbeschaffung: Der Geldbaum eignet sich für die Stecklingsvermehrung. Hierzu läßt man die Schnittstellen erst ein paar Stunden trocknen und steckt die Stecklinge dann direkt in die Pikiererde. Im Blumenhandel wird der Geldbaum als Topfpflanze angeboten. Manchmal ergibt sich die Gelegenheit, eine alte Zimmerpflanze erwerben zu können. Diese kann dann als Rohpflanze für die Gestaltung dienen. Auch im Bonsaihandel ist der Geldbaum nicht selten anzutreffen. Oft sind diese Exemplare allerdings kaum gestaltet, sondern meist nur mehrmals zurückgeschnitten.
Schädlinge: Der Geldbaum wird gerne von Wolläusen befallen.

Crassula ovata, in der Entwicklung

Cupressus macrocarpa 'Goldcrest'

Zimmerzypresse ○

Zypressen sind Nadelbäume, die sehr kurze, schuppige Nadeln ausbilden, welche sehr eng aufeinander folgen. *C. macrocarpa* stammt aus Nordamerika. Ihr Wuchs ist zunächst säulenförmig. Mit zunehmendem Alter und dem damit einhergehenden Schwererwerden der Äste legen sich diese zur Seite, oft sogar in die Waagerechte, wodurch sich die Krone stark verbreitert. Die Zimmerzypresse gehört zu den wenigen Nadelbäumen, die in der Wohnung gehalten werden können. Sie zählt allerdings nicht zu den für Anfänger geeigneten Pflanzen; unter den richtigen Umweltbedingungen gedeiht sie allerdings ohne besonderen Aufwand. Im Handel erscheint bei uns in der Regel die Sorte 'Goldcrest', die sich durch eine gelbgrüne Farbe auszeichnet.

Standort: hell und sonnig. Den Sommer verbringt die Zimmerzypresse am besten im Freien auf dem Balkon oder im Garten. Während der kalten Jahreszeit stellt man sie in einem ungeheizten Raum ans Fenster. In der Wohnung hält sie auch Temperaturen über 18 °C aus, wenn die Luftfeuchtigkeit nicht unter 50% absinkt.

Substrat: eine Mischung aus Lehmgranulat, Sand und Pikiererde im Gewichtsverhältnis 1:2:1. Alle zwei Jahre werden zwei Drittel der Erde ausgewechselt.

Im grünen Bereich wird von Hand gezupft

Wasserversorgung: gleichmäßig feucht halten. Kurzzeitige Trockenheit wird ebenso gut wie kurzzeitige Nässe vertragen. Zum Gießen kann auch Leitungswasser verwendet werden.

Düngen: von März bis September alle zwei Wochen mit einem mineralischen oder organischen Bonsaidünger. Im Winter reichen Nährstoffgaben im Monatsabstand.

Gestaltung: Bei der Gestaltung sind alle Stilarten denkbar. Am häufigsten wird die aufrechte Form gewählt. Ohne Draht ist nur die für Zypressen untypische Besenform oder die junge Bäume auszeichnende Säulenform erreichbar. Bei anderen Stilarten muß der Draht zu Hilfe genommen werden. Die Äste der Pflanze bleiben lange flexibel und biegsam. Werden Äste nach unten gespannt, reißen sie oft am Stamm aus. Daher muß man beim Spannen vorsichtig sein.

Zypressen werden nur an bereits verholzten Stellen geschnitten. Im grünen Bereich wird dagegen gezupft (pinziert). Dadurch bleibt die zuletzt am Baum sitzende Schuppe in der Regel unverletzt und wird nicht braun wie beim Zurückschneiden. Junge Pflanzen läßt man länger treiben als ältere. Je häufiger gezupft wird, um so dichter wird der Baum. Zupft man seltener und läßt den Baum mehr wachsen, fördert man das Dickenwachstum.

Pflanzenbeschaffung: Die Zimmerzypresse wird als Topfpflanze in verschiedenen Größen und Altersstufen angeboten. Auch im Bonsaihandel sind manchmal Zimmerzypressen zu bekommen. Hier handelt es sich allerdings meist um wenig gestaltete und lediglich klein gehaltene Exemplare.

Schädlinge: Bei ungünstigen Bedingungen kann die Zimmerzypresse von Spinnmilben, Woll- und Schildläusen befallen werden.

Cupressus macrocarpa 'Goldcrest', Jungpflanze

Elaeagnus

Ölweide ○

Die Gattung *Elaeagnus* umfaßt einige immergrüne oder auch sommergrüne Gehölze, die in der Regel strauchförmig wachsen. Manchmal entwickeln sie sich auch zu kleinen Bäumen. Die meisten Arten stammen aus Asien. Die derben, meist ovalen, oberseits dunkelgrünen, unterseits helleren Blätter stehen wechselständig. Die schmucklose Blüte entwickelt sich bei einigen Arten zu stachelbeerähnlichen Früchten, von denen nur manche eßbar sind.
Damit die Ölweide eine befriedigende Entwicklung nimmt, muß sie wenigstens zeitweise im Freiland stehen.
Standort: das ganze Jahr über hell und sonnig. Den Sommer sollte die Ölweide im Freien, auf dem Balkon oder im Garten verbringen. In der kalten Jahreszeit möchte sie kühl, in einem ungeheizten Raum stehen. Im Winter verträgt sie auch Temperaturen knapp über 0 °C.
Substrat: eine Mischung aus Lehmgranulat, Sand und Pikiererde im Gewichtsverhältnis 2:1:1. Alle zwei bis drei Jahre werden, bei gleichzeitigem Wurzelschnitt, zwei Drittel der Erde ausgewechselt.
Wasserversorgung: im Sommer immer gut feucht halten. Auch im Winter benötigt die Ölweide wegen ihrer großen Blätter relativ viel Wasser. Steht sie zu trocken, verliert sie viel Laub. Man kann normales Leitungswasser verwenden.
Düngen: von März bis September alle zwei Wochen mit einem organischen oder mineralischen Bonsaidünger. Im Winter reichen monatliche Nährstoffgaben.
Gestaltung: Wegen ihrer relativ großen Blätter sollte eine Mindestgröße von 40 cm angestrebt werden. Alle japanischen Stilarten sind denkbar. Ein- und zweijährige Äste lassen sich mit Draht noch leicht in die gewünschte Richtung bringen. Ältere Äste müssen gespannt werden.
Die Ölweide entwickelt Triebe, die sehr schnell an Länge zunehmen und zunächst nur Blattanlagen zeigen. Erst später entwickeln sich die Blätter. Vor dem Rückschnitt sollten bei jungen Pflanzen die Blätter eine gewisse Größe erreicht haben. Der Trieb hat zu dieser Zeit eine Länge von 15–20 cm erreicht. Er wird so stark zurückgeschnitten, wie es für den erwünschten Kronenaufbau notwendig ist. Meist läßt man nur ein bis drei Blätter stehen. Ältere, bereits gestaltete und gut entwickelte Pflanzen können auch früher zurückgeschnitten werden. Dadurch entsteht eine dichtere, feinere Verzweigung.
Pflanzenbeschaffung: Die Ölweide läßt sich über Stecklinge vermehren. Bestimmte Ölweidenarten werden in Baumschulen als Gartenpflanzen angeboten. Diese sind für eine Kultur als Zimmerbonsai weniger geeignet. Im Bonsaifachhandel gibt es Jungbonsai und manchmal auch ältere, gut gestaltete Exemplare.
Schädlinge: Die Ölweide wird nicht selten von Woll- und Schildläusen befallen.

Elaeagnus, etwa 20 Jahre alt

Ficus benjamina
Birkenfeige ○ – ◑

Der aus tropischen Regionen stammende Baum entwickelt auf einem kurzen Stamm mit einer hellen, graubeigefarbenen, glatten Rinde eine stark ausladende Krone, die durch zahlreiche Luftwurzeln, die den Ästen entspringen, gestützt wird. Es gibt im Zimmerpflanzenhandel eine große Zahl unterschiedlichster Sorten, darunter auch einige sehr kleinblättrige.
Da diese Pflanze vielen Menschen bereits als Zimmerpflanze bekannt ist und die Pflege in den meisten Fällen auch keine Schwierigkeiten macht, liegt es nahe, sie auch als Bonsai zu halten.
Standort: kann das ganze Jahr über in der Wohnung stehen. Hier benötigt die Birkenfeige einen warmen, hellen bis halbschattigen Platz. Sie verträgt Temperaturen von 12–28°C und kann auch direkt über einer Heizung gehalten werden. Im Sommer darf sie auch im Freien, im Garten oder auf dem Balkon stehen. An direkte Sonneneinstrahlung muß man sie aber sehr vorsichtig gewöhnen.
Substrat: eine Mischung aus Lehmgranulat, Sand und Pikiererde zu gleichen Teilen. Andere Mischungen werden auch erfolgreich verwendet. Das Pflanzsubstrat wird einmal im Jahr ausgetauscht. Ältere Pflanzen können auch zwei Jahre im gleichen Substrat stehen.
Wasserversorgung: mit abgestandenem Leitungswasser, sobald die Oberfläche der Erde trocken oder nur leicht feucht ist.
Düngen: vom Frühjahr bis zum Herbst mit reichlich organischem oder mineralischen Dünger. Im Winter werden die Nährstoffgaben um die Hälfte reduziert.
Gestaltung: Alle japanischen Stilarten sind denkbar und auch bereits erfolgreich gestaltet worden. Wegen der relativ großen Blätter der Wildform sollte diese mit einer Endhöhe von mindestens 50 cm konzipiert werden. Aufgrund des großen Angebots an ungestalteten Topfpflanzen unterschiedlichen Alters eignet sich die Art besonders gut für die ersten Versuche einer eigenen Gestaltung.
Die Triebe werden bei jungen Pflanzen ab einer Länge von etwa 20 cm auf ein bis drei Blätter zurückgeschnitten. Im oberen Drittel der Krone sollten die Triebe immer kurz gehalten werden, um die Entwicklung der darunterliegenden Äste zu fördern. Häufig ist ein Rückschnitt bis ins alte Holz erforderlich, um den Baum kompakt zu halten. Hier treibt die Pflanze willig wieder aus.
Die Äste bleiben lange elastisch, weshalb auch ältere noch durch Drahten geformt werden können. Wegen des starken Dickenwachstums muß der Draht ständig beobachtet und oft bereits nach sechs bis acht Wochen entfernt werden. Druckstellen von zu eng anliegendem Draht bleiben lange sichtbar.
Pflanzenbeschaffung: Stecklinge lassen sich leicht bewurzeln. Jungpflanzen und ungestaltete Topfpflanzen sind in großer Auswahl im normalen Blumenladen und in Gartencentern erhältlich.
Gestaltete Pflanzen werden in unterschiedlicher Qualität im Bonsaifachhandel angeboten.
Die kleinblättrigen Sorten sind auch zur Gestaltung von Miniaturbonsai geeignet.
Schädlinge: Die Birkenfeige ist anfällig für Schildläuse. Spinnmilben verursachen eine gelbliche Sprenkelung der Blätter, führen aber erst spät zum Blattabwurf. Oft kann die Birkenfeige mit einem gewissen Spinnmilbenbefall leben. Sie entwickelt sich allerdings dann nur noch sehr langsam.

Ficus benjamina, etwa 30 Jahre alt, Sammlung Rüger

Ficus buxifolia

Buchsbaumblättriger Feigenbaum ○ – ◑

Die aus Afrika stammende Feigenart trägt auffällig kleine, buchsbaumähnliche, an der Spitze stumpfe, dunkelgrüne und glattrandige Blätter. Der Stamm und die Äste der baumförmig wachsenden, immergrünen Pflanze bilden eine dunkelbraune Rinde. Die oft sehr zahlreichen, einzeln in den Blattachsen sitzenden Blüten entwickeln sich zu anfangs grünen, später rötlichbraunen, kleinen Früchten, die ungenießbar sind.
Ficus buxifolia ist wegen seiner kleinen Blätter auch zur Gestaltung kleiner Bonsai geeignet.
Standort: hell, aber vor der heißen Mittagssonne geschützt. Den Sommer kann die Pflanze auch im Freien, im Garten oder auf dem Balkon verbringen, wenn man sie schrittweise daran gewöhnt. Auch im Winter muß diese Feigenart warm gehalten werden. Steht sie über der Heizung, ist ein mit Wasser und Hydrogranulat gefülltes Tablett zur Anreicherung der Umgebungsluft mit Luftfeuchtigkeit sehr nützlich.
Substrat: eine Mischung aus Lehmgranulat, Sand und Pikiererde zu gleichen Teilen. Andere Mischungen sind auch möglich.
Wasserversorgung: Der Baum sollte nicht zu feucht gehalten werden. Gewässert wird erst, wenn die Oberfläche der Pflanzenerde leicht trocken ist. Wird zu viel oder zu wenig Wasser gegeben, wirft der Baum sein Laub ab. Es kann normales Leitungswasser verwendet werden.
Düngen: in der Wachstumszeit alle zwei Wochen, von Oktober bis Februar nur alle vier Wochen mit einem organischen oder mineralischen Bonsaidünger.
Gestaltung: Die Pflanze hat einen leicht sparrigen Wuchs und die Äste sind nicht so lange elastisch wie bei anderen Arten der Gattung. Deshalb sollten gestaltende Maßnahmen regelmäßig, in nicht so großen zeitlichen Abständen durchgeführt werden. Alle Stilarten sind möglich. *F. buxifolia* kann leicht als Miniaturbonsai gehalten werden.
Ein- bis zweijährige Äste kann man drahten, ältere spannen. Der Draht muß regelmäßig überprüft und, wenn er zu eng wird, entfernt werden.
Der Rückschnitt erfolgt ab einer Trieblänge von 5–10 cm, je nach geplanter Endhöhe, auf ein bis fünf Blätter.
Pflanzenbeschaffung: *Ficus buxifolia* läßt sich durch Stecklinge vermehren. Jungpflanzen werden manchmal im Blumenhandel, aber auch im Fachhandel angeboten. Die Pflanzen, die sich als Bonsai im Handel befinden, sind meist nur wenige Jahre alt. Alte Bäume findet man kaum.
Schädlinge: in seltenen Fällen Schildläuse.

Ficus carica

Echte Feige ○

Die besonders im Mittelmeerraum verbreitete Kulturpflanze entwickelt sich zu großen Sträuchern oder Bäumen, die im Alter durch extrem lange Äste auffallen. Diese werden durch ihr hohes Eigengewicht zu Boden gedrückt.
Der Stamm bleibt auch im Alter glatt. Auch junge Äste sind bereits sehr dick. Die großen, dreilappigen Blätter treiben im Frühjahr aus und sind wechselständig angeordnet. Aus unscheinbaren Blüten entwickeln sich eßbare Früchte. Die Echte Feige ist sommergrün, das heißt, sie wirft ihr Laub im Winter ab.
Wegen ihrer großen Blätter ist die Echte Feige nur bedingt zur Bonsaigestaltung

Ficus buxifolia, Jungpflanze

Ficus carica, etwa 8 Jahre alt

geeignet. Mit zunehmender Verzweigung werden die Blätter immer kleiner, so daß ein durchaus akzeptables Bild entsteht, wenn der Baum nicht zu klein angelegt ist.
Standort: Im Sommer mag die Echte Feige einen sonnigen Platz im Freien. Den Winter kann sie dann im Haus in einem kühlen Raum verbringen. Sobald neue Blätter treiben, ist ein Standort auf dem Balkon oder auf der Terrasse am besten.
Substrat: eine Mischung aus Lehmgranulat, Sand und Pikiererde im Verhältnis 2:1:1. Andere Mischungen sind möglich.
Wasserversorgung: Im Sommer kann die Erde ständig feucht gehalten werden, während im Winter, wenn das Laub gefallen ist, der Wasserbedarf entsprechend sinkt. Dann sollte die Erdoberfläche vor einem erneuten Wässern erst leicht angetrocknet sein. Es kann Leitungswasser verwendet werden.
Düngen: Junge Pflanzen werden von Februar bis September wöchentlich mit einem flüssigen Mineraldünger oder alle vierzehn Tage mit organischem Dünger kräftig gedüngt, während ältere, bereits gut entwickelte Pflanzen, deren Blätter klein bleiben sollen, etwa alle vier Wochen Nährstoffgaben erhalten.
Gestaltung: Wegen der dicken Äste und der großen Blätter ist eine Gestaltung nicht einfach. Es sind aber alle Bonsaistilarten denkbar.
Im Frühjahr vor dem Laubaustrieb sollten alle letztjährigen Triebe stark eingekürzt werden. Eine Verzweigung erfolgt nur, wenn man zumindest die Triebspitze entfernt. Schnittstellen müssen gut verschlossen werden, um ein Austrocknen der verbliebenen Knospen zu verhindern und um Infektionen zu vermeiden. Der nächste Rückschnitt kann ab einer Trieblänge von 10 cm erfolgen. Ältere Äste können das ganze Jahr über entfernt werden.
Einjährige Äste lassen sich noch leicht drahten. Ältere Äste werden unelastisch und sollten, um die Rinde nicht zu verletzen, mit Spanndrähten geformt werden.
Pflanzenbeschaffung: Samen kann man den im Handel erhältlichen Früchten entnehmen. Man legt sie einige Tage in Wasser, damit sich das Fruchtfleisch gut löst. Die Samen können dann sofort ausgesät werden. Jungpflanzen erhält man manchmal als Topfpflanzen. Im Bonsaifachhandel werden Echte Feigen nur ausnahmsweise angeboten.
Schädlinge: Die Echte Feige wird manchmal von Schildläusen befallen.

Ficus microcarpa
Lorbeerfeige ○

Die in ihrer Heimat baumförmig wachsende immergrüne Pflanze bildet derbe, wechselständige Blätter. In den Blattachsen sitzen beerenförmige Früchte, die anfangs grün, später gelb oder violett sind. Sie sind nicht eßbar.
Wegen ihrer Robustheit und ihrer vorzüglichen Eignung als Zimmerpflanze ist die Lorbeerfeige auch für Bonsai-Anfänger gut geeignet.
Standort: hell und sonnig, aber keine pralle Mittagssonne. Den Sommer kann die Pflanze auch auf dem Balkon oder im Garten verbringen. In der kalten Jahreszeit gedeiht die Lorbeerfeige in einem warmen Raum in der Wohnung bei Temperaturen zwischen 18 und 24 °C. Hier kann sie sogar über der Heizung stehen.
Substrat: eine Mischung aus Lehmgranulat, Sand und Pikiererde zu gleichen Teilen. Da die Lorbeerfeige beim Kauf meist in anderer Erde steht, sollte man sie erst schrittweise an den Lehmanteil im neuen Substrat gewöhnen. Die Erde muß mindestens alle zwei Jahre zur Hälfte ausgetauscht werden.
Wasserversorgung: Die Lorbeerfeige sollte gleichmäßig feucht gehalten werden. Steht sie zu naß oder zu trocken, wirft sie ihre Blätter ab. Trockenheit wird allerdings besser vertragen als Nässe. Man kann mit normalem Leitungswasser gießen.
Düngen: mit einem mineralischen oder organischen Dünger von März bis September alle zwei Wochen, in der übrigen Zeit nur einmal im Monat.
Gestaltung: Wegen ihres kräftigen Dickenwachstums und der auch noch nach mehreren Jahren elastischen Äste ist die Lorbeerfeige einfach zu gestalten. Um einen kräftigen Stamm zu erhalten, wird dieser bei Jungpflanzen mehrmals stark eingekürzt. Da hierbei gleichzeitig der größte Teil der Blätter entfernt wird, sinkt der Wasserbedarf rapide. Die Substratoberfläche sollte vor jedem Gießen bereits trocken sein.
Der Stamm und die Äste können durch Drahten geformt werden.
Sollen kräftige Äste entstehen, schneidet man den Austrieb ab einer Länge von etwa 20 cm auf ein bis fünf Blätter zurück. Sind bereits kräftige Äste vorhanden, und soll sich eine feine Verzweigung entwickeln, kann ab einer Trieblänge von 5 cm die Triebspitze entfernt werden. Dadurch fördert man den Austrieb weiter zurückliegender Knospen.
Pflanzenbeschaffung: Die Lorbeerfeige kann durch Stecklinge vermehrt werden. Jungpflanzen findet man manchmal im Fachhandel. Gestaltete Bäume werden in verschiedenen Formen und Stilarten angeboten.
Schädlinge: Bonsai-Lorbeerfeigen werden kaum von Schädlingen befallen.

Ficus microcarpa

Ficus natalensis
Natalfeige

○

Die in Afrika beheimatete Feigenart bildet dicht belaubte Äste mit länglichen, schmalen, am Ende stumpfen, derben und dunkelgrünen Blättern. Die immergrüne Pflanze bildet große Sträucher, aber auch stattliche Bäume.
Die Natalfeige zählt zu den robustesten Feigenarten und ist deshalb auch Anfängern besonders zu empfehlen.
Standort: warm und hell, zeitweise wird sogar direkte Sonneneinstrahlung vertragen. Den Sommer kann die Natalfeige auch im Freien auf dem Balkon oder im Garten verbringen. Hier muß sie an direkte Sonneneinstrahlung schrittweise gewöhnt werden. Ab September sollte der Baum die kalte Jahreszeit in einem warmen Raum bei Temperaturen zwischen 18 und 24 °C verbringen.
Substrat: eine Mischung aus Lehmgranulat, Sand und Pikiererde zu gleichen Teilen. Wird eine andere Mischung verwendet, muß auf gute Wasserdurchlässigkeit geachtet werden. Alle zwei Jahre die Hälfte der Erde auswechseln.
Wasserversorgung: mäßig feucht halten. Zum Gießen reicht normales Leitungswasser.
Düngen: mit einem mineralischen oder organischen Bonsaidünger von Februar bis September alle zwei Wochen. In der kälteren Jahreszeit reichen Düngergaben in vierwöchigen Abständen.
Gestaltung: Die Natalfeige kann leicht durch gezielten Rückschnitt in die Besenform gezogen werden. Soll eine andere Stilart entstehen, kann auf Draht meist nicht verzichtet werden. Alle Stilarten sind denkbar.
Ein- bis dreijährige, nicht zu dicke Äste lassen sich noch durch Drahten in Form bringen. Je dicker der Ast ist, um so schneller wird der Draht zu eng und muß entfernt werden. Dicke oder ältere Äste, die sich nur noch schwer biegen lassen, kann man durch Spanndrähte in die gewünschte Richtung bringen.
Junge, noch zu entwickelnde Pflanzen, die noch stark an Dicke zulegen sollen, schneidet man ab einer Trieblänge von etwa 15–20 cm auf 1–5 cm zurück, je nach Stellung des Astes in der Krone. Ältere, bereits entwickelte Bonsai werden früher zurückgeschnitten.
Pflanzenbeschaffung: Die Natalfeige läßt sich leicht durch Stecklinge vermehren. Jungpflanzen und junge gestaltete Exemplare sind gelegentlich im Fachhandel erhältlich.
Schädlinge: Die Natalfeige ist nicht sehr schädlingsanfällig.

Ficus natalensis, etwa 10 Jahre alt, Sammlung Kirsznik

Ficus religiosa
Bobaum ◑ – ○

Der aus Indien und Ceylon stammende immergrüne Baum entwickelt an kräftigen, gräulichen Ästen wechselständige, herzförmige, glattrandige und 8–12 cm große Blätter. Die Blattnerven sind deutlich erkennbar. Aus der köcherartigen Blüte entwickeln sich nicht eßbare Früchte, die sich im reifen Zustand violett färben. In seiner Heimat gilt *F. religiosa* als heiliger Baum. Wegen seiner großen Blätter sollte die Mindesthöhe 50 cm betragen.
Standort: Der Bobaum mag einen hellen oder sonnigen Standort. Bei Lichtmangel wirft er sehr schnell sein Laub ab. Den Sommer kann die Pflanze auch im Freien verbringen. An Sonne und starken Wind muß man sie schrittweise gewöhnen. Im Winter sollte der Bobaum in einem warmen Raum stehen, in dem die Luftfeuchtigkeit nicht unter 40% absinkt.
Substrat: eine Mischung aus Lehmgranulat, Sand und Pikiererde zu gleichen Teilen. Andere Mischungen sind auch möglich. Wird nur mit Leitungswasser gegossen, sollte die Erde jedes Jahr zu einem Drittel gewechselt werden.
Wasserversorgung: Die Pflanze muß gleichmäßig feucht gehalten werden. Sie kann Trockenheit besser vertragen als Nässe. Bei anhaltender Nässe wirft sie ihr Laub ab. Zum Gießen kann man Leitungswasser verwenden.
Düngen: vom Februar bis September alle zwei Wochen. In der kalten Jahreszeit einmal im Monat. Es kann organischer oder mineralischer Bonsaidünger eingesetzt werden.
Gestaltung: *F. religiosa* eignet sich nicht zur Gestaltung kleiner Bonsai. Ansonsten sind aber alle Stilarten denkbar. Ein- und zweijährige Äste lassen sich noch drahten. Der Draht muß regelmäßig überprüft werden. Er kann in der warmen Jahreszeit bereits nach wenigen Wochen zu eng sein. Ist dies der Fall, wird er entfernt und eventuell erneuert. Ältere Äste sollten gespannt werden, um bleibende Spuren in der Rinde zu vermeiden.
Der Rückschnitt erfolgt bei jungen Pflanzen, je nach Stellung des Astes in der Krone, ab einer Trieblänge von 10–20 cm auf ein bis fünf Blätter. Ältere Pflanzen können auch früher geschnitten werden. *F. religiosa* verzweigt sich nicht so bereitwillig wie andere *Ficus*-Arten.
Pflanzenbeschaffung: Der Bobaum läßt sich durch Stecklinge vermehren. Jungpflanzen sind nicht im Handel. In seltenen Fällen werden bereits gestaltete Pflanzen im Bonsaifachhandel angeboten.
Schädlinge: *F. religiosa* wird manchmal von Spinnmilben befallen.

Ficus salicifolia
Weidenblättrige Feige ○ – ◑

Die am natürlichen Standort riesige Ausmaße erreichende immergrüne Feige bildet lanzettliche, in kurzen Abständen stehende, wechselständig angeordnete Blätter. Auch junge Pflanzen entwickeln schon Blüten, aus welchen die anfangs grünen, später rötlichen bis braunvioletten, beerenförmigen Früchte entstehen.
Bei diesem Baum erreicht man besonders leicht, nur durch Rückschnitt, eine eindrucksvolle Besenform. Obwohl er bei Unregelmäßigkeiten in der Pflege oder bei anderen Veränderungen der äußeren Bedingungen häufig alle Blätter abwirft, kann er auch von Anfängern gehalten werden.
Standort: hell, am Fenster, aber vor Mittagssonne geschützt. Den Sommer kann

Ficus religiosa, etwa 20 Jahre alt, nach einem Blattschnitt

Ficus salicifolia, etwa 8 Jahre alt

der Baum auch im Freien verbringen. Wird er dann im September wieder in die Wohnung geholt, verliert er allerdings meist alle Blätter. In einem warmen Raum mit nicht zu niedriger Luftfeuchtigkeit treibt er innerhalb kurzer Zeit wieder aus.

Substrat: eine Mischung aus Lehmgranulat, Sand und Pikiererde zu gleichen Teilen. Andere gut wasserdurchlässige Mischungen sind auch möglich. Wird nur mit Leitungswasser gegossen, sollte die Erde einmal im Jahr zur Hälfte ausgetauscht werden.

Wasserversorgung: gleichmäßig feucht halten. Hat die Feige einmal alle Blätter verloren, wartet man mit dem Wässern, bis die Oberfläche des Pflanzsubstrats leicht angetrocknet ist, und gießt erst dann wieder. Es kann normales Leitungswasser verwendet werden.

Düngen: ab März bis zum September alle zwei Wochen, in der übrigen Zeit nur einmal im Monat. Man verwendet einen mineralischen oder organischen Bonsaidünger.

Gestaltung: Die Besenform läßt sich leicht durch regelmäßigen Rückschnitt und meist ohne Draht erreichen. Andere Stilarten sind aber auch möglich.

Zweijährige Äste, die bereits ihre Blätter verloren haben, kann man meist noch drahten, während jüngere wegen der sehr engen Blattstellung nur schwer mit Draht in Form zu bringen sind, ohne daß dabei Blätter verloren gehen. Dreijährige und ältere Äste werden gespannt, um die empfindliche Rinde zu schonen.

Der Rückschnitt kann, je nach Stellung des Astes in der Krone und je nach gewünschter Endgröße des Baumes, bei jungen Pflanzen ab einer Trieblänge von 10–20 cm auf 1–5 cm erfolgen. Ältere Bonsai können auch früher zurückgeschnitten werden.

Pflanzenbeschaffung: Die Pflanze läßt sich durch Stecklinge leicht vermehren. Jungpflanzen sind manchmal im Bonsaifachhandel zu bekommen. Dort erhält man auch bereits gestaltete Bäume.

Schädlinge: *F. salicifolia* wird gerne von Spinnmilben befallen und wirft dann den größten Teil des Laubes ab. Ohne Behandlung treibt die Pflanze nicht wieder aus.

Fuchsia
Fuchsie ◑

Die meist aus Mittel- und Südamerika stammenden Fuchsien, die bei uns hauptsächlich als Pflanzen für den Balkonkasten bekannt sind, entwickeln sich in der Natur oft zu stattlichen Sträuchern. Die Blätter der sommergrünen Pflanzen sind unterschiedlich gestaltet, oft spitzeiförmig, variieren von Art zu Art auch in der Blattgröße und sind gegenständig angeordnet. Die auffälligen Blüten erscheinen im Sommer sehr zahlreich in den Blattachsen der endständigen Blätter.
Für jemanden, der Erfahrung mit Fuchsien als Topfpflanze hat, kann ein Fuchsienbonsai eine erfreuliche Ergänzung der Bonsaisammlung sein.
Standort: Den Sommer verbringt eine Fuchsie am besten an einem hellen, aber schattigen Platz in der Wohnung oder im Freiland. Werden die ersten Fröste erwartet, sollte sie, auch wenn sie in der Wohnung steht, an einen kalten, frostfreien und sonnengeschützten Platz umziehen. Die meisten Fuchsien sind frostempfindlich. Deshalb dürfen sie im Frühjahr auch nicht zu früh wieder ins Freie gestellt werden.
Substrat: eine Mischung aus Lehmgranulat, Sand und Torf zu gleichen Teilen. Andere Mischungen werden auch verwendet.
Wasserversorgung: im Sommer kräftig und in der kalten Jahreszeit wenig gießen. Es kann normales Leitungswasser verwendet werden.
Düngen: ab dem Frühjahrsaustrieb bis Ende August alle vierzehn Tage. Geeignet ist ein organischer Bonsaidünger. Im Winter wird gar nicht gedüngt.
Gestaltung: Man muß sehr frühzeitig beginnen, da sich schon einjährige Äste kaum noch biegen lassen. Die Wuchsrichtung liegt also schon früh fest. Junge Äste können aber vorsichtig gedrahtet werden.
Ein Rückschnitt erfolgt je nach gewünschter Größe des Bonsai und je nach angestrebter Astdicke ab einer Trieblänge von 5–20 cm auf ein bis drei Blattpaare.
Pflanzenbeschaffung: Fuchsien lassen sich leicht aus Stecklingen vermehren. Man spart etwas Zeit, wenn die Gestaltung an einer Topfpflanze vorgenommen wird. Im Bonsaifachhandel sind Fuchsien selten zu bekommen.
Schädlinge: Fuchsien werden häufig von Weißen Fliegen befallen. Außerdem sind Blattläuse nicht selten.

Fuchsia, etwa 10 Jahre alt, Sammlung Stirnberg

Haematoxylum campechianum, etwa 40 Jahre alt, Sammlung Rüger

Haematoxylum campechianum

Blutholzbaum

○

Dieser in Mittel- und Südamerika beheimatete immergrüne Baum bildet an stacheligen Ästen paarig gefiederte Blätter, die sich bei Anbruch der Dunkelheit zusammenklappen. An Verletzungen tritt ein roter Saft aus. Die gelblichen Blüten sind zu kleinen, kugeligen Blütenständen zusammengesetzt.

Der Blutholzbaum wird bei uns nur sehr selten als Bonsai gehalten. Er braucht bei hoher Luftfeuchtigkeit stets viel Wärme und Licht. Daher ist diese Pflanze für Anfänger ungeeignet.

Standort: ganzjährig hell, sonnig und warm. Den Sommer über kann die Pflanze auch an einen sonnigen Platz im Freien gestellt werden, an den sie aber schrittweise gewöhnt wird. Den Winter sollte der Blutholzbaum bei Temperaturen über 20 °C verbringen. Um die Luftfeuchtigkeit anzuheben, stellt man die Pflanze auf ein Tablett, das mit Wasser und Blähton (Hydrokugeln) gefüllt ist. Das Pflanzsubstrat des Baumes darf dabei keine direkte Verbindung mit dem Wasser im Tablett haben.

Substrat: eine Mischung aus Lehmgranulat, Sand und Pikiererde zu gleichen Teilen. Bei jungen Pflanzen wird jedes Jahr ein Drittel des Pflanzsubstrats erneuert, bei älteren Bonsai nur alle drei Jahre.

Wasserversorgung: gleichmäßig feucht halten. Das Gießwasser sollte im Winter nicht zu kalt sein. Kein hartes Leitungswasser verwenden.

Düngen: vom Frühjahr bis zum Spätsommer vierzehntägig und in der kalten Jahreszeit alle vier Wochen mit einem organischen Bonsaidünger.

Gestaltung: Wird mit der Gestaltung frühzeitig begonnen, sind alle bekannten Stilarten möglich.

Ein- und zweijährige Äste lassen sich noch durch Drahten in Form bringen. Ältere Äste werden gespannt, um die Rinde zu schonen.

Junge Pflanzen schneidet man ab einer Trieblänge von 15 cm auf ein bis drei Blätter zurück. Bei älteren Pflanzen kann der Austrieb auch früher eingekürzt werden.

Pflanzenbeschaffung: Der Blutholzbaum kann aus Stecklingen vermehrt werden. Jungpflanzen sind selten im Handel erhältlich. Ältere, deshalb aber auch teurere Exemplare werden ab und zu angeboten.

Schädlinge: *H. campechianum* wird kaum von Schädlingen befallen.

Hibiscus rosa-sinensis

Chinesischer Roseneibisch ○

Der strauchförmig wachsende Roseneibisch ist in den gesamten Tropen bekannt und stammt wahrscheinlich aus China. Die gegenständig sitzenden, spitzeiförmigen Blätter wirft er bei ungünstigen Umständen komplett ab. Es sind zahlreiche Sorten mit verschiedenen Blütenfarben und -formen gezüchtet worden, die als Topfpflanzen im Handel zu finden sind.
Wegen seiner relativ großen Blätter findet man den Chinesischen Roseneibisch selten als Bonsai. Wird eine Mindesthöhe von 40 cm angestrebt, können die Proportionen jedoch durchaus akzeptabel sein.
Standort: das ganze Jahr über hell und sonnig. Den Sommer kann die Pflanze auch im Freien verbringen. Bei der Umstellung von der Wohnung ins Freie verliert sie meist viel Laub, das allerdings schnell wieder nachtreibt. Im Winter stellt man den *Hibiscus*-Bonsai wieder in die Wohnung, möglichst bei Temperaturen zwischen 16 und 20°C.
Substrat: eine Mischung aus Lehmgranulat, Sand und Torf zu gleichen Teilen. Bei jungen Pflanzen wird die Erde jährlich gewechselt, bei älteren *Hibiscus*-Bonsai auch seltener. Bei dieser Gelegenheit schneidet man die Wurzeln etwas zurück.
Wasserversorgung: Sowohl im Sommer als auch im Winter verbraucht *Hibiscus* beachtliche Wassermengen. Dabei muß möglichst regelmäßig gegossen werden, weil bei unregelmäßigem Gießen womöglich die Blüten abfallen. Man kann Leitungswasser verwenden.
Düngen: von März bis Ende August alle zwei Wochen mit einem organischen Bonsaidünger. In der restlichen Zeit reichen monatliche Nährstoffgaben.
Gestaltung: Die Gestaltung eines *Hibiscus* ist nicht leicht, weil die Äste schnell starr und sehr dick werden. Außerdem verzweigen sie sich nur sehr wenig.
Junge Austriebe können durch Drahten vorsichtig in die gewünschte Richtung gelenkt werden. Ältere Äste spannt man. Der Rückschnitt erfolgt ab einer Trieblänge von 10–20 cm auf ein bis drei Blätter. Bei jungen Pflanzen sollte man zugunsten einer zügigen Entwicklung der Grundform in den ersten Jahren auf die Blüte verzichten. Bei älteren Pflanzen können kürzere Triebe nach der Blüte zurückgeschnitten werden.
Pflanzenbeschaffung: *Hibiscus* läßt sich durch Stecklinge vermehren. Um Zeit zu sparen, verwendet man aber besser eine Topfpflanze, die bereits zwei oder drei Jahre alt sein kann. Wie bereits erwähnt, bieten Blumenhandel und Gartencenter die unterschiedlichsten Sorten an.
Gestaltete *Hibiscus*-Bonsai sind nicht im Handel erhältlich.
Schädlinge: Die Weiße Fliege ist oft auf *Hibiscus* anzutreffen. Bei sehr starkem Befall sollte der Rat eines Fachmannes eingeholt werden.

Lagerstroemia indica

Lagerströmie ○

Der heute in allen tropischen Ländern als Ziergehölz verbreitete, aus China und Korea stammende sommergrüne Strauch bildet einen hellbraunen glatten Stamm. Die gegenständigen, ovalen Blätter treiben zunächst rötlich und färben sich dann grün. Die Blüte erscheint im Sommer, wenn die Tage am längsten sind. Es gibt sehr viele Sorten, die sich in Farbe und Form der Blüte unterscheiden.
Die Lagerströmie gehört zu den wenigen laubabwerfenden Gehölzen, die sich in der Wohnung halten lassen. Allerdings benö-

Hibiscus rosa-sinensis, etwa 8 Jahre alt

Lagerstroemia indica, etwa 10 Jahre alt

tigt sie im Sommer Wärme und viel Sonne, um ihre volle Blütenpracht zu entfalten.
Standort: während der Vegetationsperiode hell und sonnig. Vom Frühjahr bis zum Sommer kann die Lagerströmie auch im Freien gehalten werden. Eine Blüte ist nur bei viel Sonne zu erwarten. Manchmal fällt die Blüte ganz aus. Im Winter sollte die Lagerströmie frostfrei gehalten werden. Der Überwinterungsraum muß nicht ganz so hell sein. Je dunkler der Überwinterungsplatz ist, um so kälter sollte er auch sein.

Substrat: eine Mischung aus Lehm, Sand und Pikiererde zu gleichen Teilen. Andere gut durchlässige Mischungen wurden ebenfalls erfolgreich angewendet.
Wasserversorgung: In belaubtem Zustand kann das Gehölz gut feucht gehalten werden. Bei Ballentrockenheit sterben die frischen Triebspitzen ab. Im Winter wird nur wenig Wasser benötigt. Man verwendet Regenwasser bzw. salzarmes Wasser.
Düngen: ab dem Erscheinen der ersten Blätter im Frühjahr vierzehntägig. Von September bis zum Frühjahr braucht man dann nicht mehr zu düngen.
Gestaltung: Wird frühzeitig mit der Gestaltung begonnen, können alle Stilarten erreicht werden.
Ein- und zweijährige Äste können noch durch Drahten geformt werden. Ältere Äste werden sehr spröde und hart. Sie sind nur noch schwer zu biegen. Deshalb erzielt man bei diesen eine Richtungsänderung am besten durch einen starken Rückschnitt.
Der Neuaustrieb wird bei Jungpflanzen, die kräftige Äste entwickeln sollen, erst im Herbst mit dem Laubabwurf zurückgeschnitten. Soll eine feine Verzweigung an bereits vorhandenen kräftigen Ästen entstehen, wird ab einer Trieblänge von 10 cm auf ein bis drei Blattpaare zurückgeschnitten. Erfolgt der Schnitt im Laufe der Vegetationsperiode, ist nur mit wenigen Blüten zu rechnen, da die Blütenansätze immer mit weggeschnitten werden.
Pflanzenbeschaffung: Die Lagerströmie läßt sich durch Stecklinge vermehren. Manchmal wird sie als Topfpflanze im Blumenhandel angeboten.
Gestaltete Exemplare finden leider nur selten den Weg in den Bonsaihandel. Deshalb zählt diese Pflanze zu den Bonsairaritäten.
Schädlinge: Die Lagerströmie ist bei Blattläusen sehr beliebt.

Lantana camara

Wandelröschen ○

Dieser in Südamerika heimische immergrüne Strauch kommt in fast allen tropischen Regionen vor. An den vierkantigen Ästen sind die Blätter gegenständig angeordnet. Die im Sommer erscheinenden Blüten sitzen in dichten Dolden, die aus den Blattachsen wachsen. Im Laufe der Blütezeit ändert sich die Blütenfarbe, daher auch der deutsche Name. Die schwarzen Beeren sind giftig!

In Kultur sind *Lantana-Camara*-Hybriden in vielen Sorten anzutreffen. Wegen des sparrigen Wuchses mit teilweise sehr großen Blattabständen ist das Wandelröschen nicht leicht zu gestalten. Aufgrund der sehr reizvollen Blütenpracht wird es trotzdem immer wieder einen Versuch wert sein.

Standort: hell und sonnig. Im Sommer sollte die Pflanze im Freien stehen. Den Winter kann sie in einem ungeheizten Raum verbringen.

Substrat: eine Mischung aus Lehmgranulat, Sand und Torf zu gleichen Teilen. Andere Mischungen sind auch möglich.

Wasserversorgung: Im Sommer hat *L. camara* einen großen Wasserbedarf und darf nie austrocknen. Im Winter muß am kühlen Standort nicht so oft gegossen werden. *L. camara* reagiert auf Trockenheit ebenso wie auf Staunässe sehr empfindlich. Zum Wässern eignet sich normales Leitungswasser.

Düngen: vom Frühjahr bis zum Herbst alle zwei Wochen mit einem organischen oder mineralischen Bonsaidünger. Im Winter reichen Nährstoffgaben in vierwöchigen Abständen.

Gestaltung: Es sind alle Stilarten denkbar. Wegen der langen Stiele der Blütenstände ist die angestrebte Form oft nur im Winter und Frühjahr zu erkennen. Während der Blütezeit wird die Struktur dagegen weitgehend verwischt. Das Wandelröschen sollte wegen des sparrigen Wuchses auf eine Mindesthöhe von 40 cm angelegt sein.

Im Herbst und einmal im Frühjahr schneidet man das Wandelröschen sehr stark, bis auf die wichtigsten Äste, zurück. Der im Frühjahr folgende Neuaustrieb wird bei jungen Pflanzen, ohne Rücksicht auf eventuelle Blütenanlagen, ab einer Länge von 20 cm auf ein oder zwei Blattpaare zurückgeschnitten. Dies wiederholt man bis zum Herbst. Ältere, bereits gut entwickelte Pflanzen können ab Mai pinziert werden (Seite 60). Dadurch entwickelt sich eine dichtere Verzweigung, und die Blüten entwickeln sich nicht soweit außerhalb des eigentlichen Kronenbereiches.

Man drahtet nur junge Zweige. Ältere, nicht zu dicke Äste können manchmal noch mit Hilfe einer Spannvorrichtung in ihrer Form verändert werden.

Pflanzenbeschaffung: Wandelröschen können aus Stecklingen vermehrt werden. Bei uns sind sie hauptsächlich als Beet- und Balkonbepflanzung bekannt. Deshalb sind Topfpflanzen in großer Sortenvielfalt jedes Frühjahr im Pflanzenhandel erhältlich. Bereits gestaltete Exemplare werden manchmal auch im Bonsaihandel angeboten. Die Gestaltung ist allerdings in der Regel nicht sehr weit fortgeschritten.

Schädlinge: Das Wandelröschen wird regelmäßig von Blattläusen, Spinnmilben und Weißen Fliegen befallen.

Lantana camara, etwa 10 Jahre alt

Leptospermum scoparium

Australische Myrte

○ – ◑

Die Australische Myrte wächst in ihrer Heimat hauptsächlich strauchförmig, manchmal bildet sie auch kleine Bäume. Die kleinen, lanzettlichen, spitzen, blaugrünen Blättchen des immergrünen Gehölzes sind gegenständig angeordnet. Die im Sommer erscheinenden, auffällig dicht sitzenden Blüten variieren in der Farbe von weiß bis dunkelrot und entwickeln eine harte, kugelige Samenkapsel. An mehrjährigen Zweigen und am Stamm platzt die Rinde faserig auf, so daß auch bei relativ jungen Pflanzen der Anschein eines hohen Alters entsteht.
Wegen der besonderen Standortansprüche dieser Myrte haben nur erfahrene Bonsailiebhaber eine Chance, diese Pflanze auf Dauer am Leben zu halten.
Standort: das ganze Jahr über hell und kühl. Den Sommer kann die Pflanze auch im Freien verbringen. Im Winter muß sie frostfrei und bei hoher Luftfeuchtigkeit gehalten werden.
Substrat: *L. scoparium* braucht ein saures Substrat. Deshalb verwendet man entweder Moorbeeterde oder das im Bonsaihandel erhältliche Azaleengranulat. Das Gehölz reagiert sehr empfindlich auf starken Wurzelschnitt, deshalb sollten jährlich nur etwa 20% des Pflanzsubstrats bei gleichzeitigem Wurzelschnitt ausgetauscht werden.
Wasserversorgung: immer gut feucht halten. Zum Gießen verwendet man am besten Regenwasser. Wird der Ballen trocken, ist der Baum nicht mehr zu retten! *L. scoparium* verträgt eher Staunässe als Trockenheit.
Düngen: mit organischem Bonsaidünger oder auch – aber vorsichtig – mit Moorbeetdünger.

Gestaltung: Die Australische Myrte läßt sich in alle Stilarten gestalten. Wegen ihrer sehr kleinen Blätter ist sie gut als Miniaturbonsai geeignet.
Ein- und zweijährige Äste lassen sich noch leicht drahten. Ältere Äste werden spröde und brüchig, können aber vorsichtig gespannt werden. Allerdings reißen sie leicht direkt am Stamm ab. Die Stelle ist deshalb während des Biegens mit dem Daumen zu sichern.
Der Rückschnitt erfolgt bei kleinen Bonsai ab einer Trieblänge von etwa 10 cm, bei größeren Bäumchen erst später. Die Blüte erscheint im Sommer, manchmal im Winter ein zweites Mal. Von Anfang April bis zum Erscheinen der Blüten kann auf einen Rückschnitt verzichtet werden, wenn Wert auf eine große Blütenpracht gelegt wird.
Pflanzenbeschaffung: Die Australische Myrte läßt sich aus Stecklingen vermehren. Sie wird aber auch als mehrjährige Topfpflanze angeboten. Im Bonsaifachhandel sind außerdem kleinere gestaltete Pflanzen erhältlich.
Schädlinge: *L. scoparium* wird kaum von Schädlingen befallen.

Blüte von L. scoparium

Leptospermum scoparium, Jungpflanze

Ligustrum japonicum

Japanischer Liguster ○ – ◑

Der in Japan und Korea heimische Strauch entwickelt an glatten Ästen gegenständige und breite, eiförmige Blätter. Die weißen Blüten, aus denen sich später schwarze, giftige Beeren entwickeln, sitzen in Rispen zusammen.

Wenn ein ungeheizter Raum für den Winter zur Verfügung steht, kann der Japanische Liguster auch von einem Anfänger gehalten werden.

Standort: hell, halbschattig, im Freien auch sonnig. Vom Frühjahr bis zum Herbst kann der Liguster auch auf dem Balkon oder im Garten gehalten werden. Hier muß er allerdings vor Frost geschützt sein. Im Winter kann er in einem ungeheizten Raum stehen.

Substrat: eine Mischung aus Lehmgranulat, Sand und Pikiererde zu gleichen Teilen. Alle zwei Jahre werden zwei Drittel der Erde ausgetauscht.

Wasserversorgung: gleichmäßig feucht halten. Kurzzeitige Trockenheit wird vertragen. Zum Gießen eignet sich normales Leitungswasser.

Düngen: in der Wachstumszeit alle zwei Wochen mit einem organischen Bonsaidünger. Im Winter reichen Düngergaben in vier- bis sechswöchigen Abständen.

Gestaltung: Wird rechtzeitig mit der Gestaltung begonnen, sind alle Stilarten möglich. Sehr beliebt: die aufrechte Form und die Besenform.

Ein- und zweijährige Zweige lassen sich noch leicht drahten. Ältere Äste sollten, auch um die Rinde vor bleibenden Narben zu bewahren, mit Hilfe einer Spannvorrichtung geformt werden.

Entsprechend dem Entwicklungsstand der Pflanze wird der Neuaustrieb ab einer Länge von 5–20 cm auf ein bis fünf Blattpaare zurückgeschnitten.

Ligustrum japonicum, etwa 6 Jahre alt

Pflanzenbeschaffung: *L. japonicum* läßt sich leicht über Stecklinge vermehren und ist als Bonsai im Handel erhältlich.

Schädlinge: *L. japonicum* wird selten von Schädlingen heimgesucht.

Malpighia coccigera

Barbadoskirsche

○ – ◑

Diese immergrüne westindische Strauch entwickelt kleine, oberseits glänzende, am Rand stachelige, derbe Blättchen, die gegenständig angeordnet sind. Im Sommer erscheinen zahlreiche rosafarbene Blüten, aus denen sich kleine, rote Beeren entwickeln.

Die Barbadoskirsche kann nur von einem erfahrenen Bonsailiebhaber auf Dauer gehalten werden. Anfänger sollten, auch wenn die Pflanze noch so attraktiv erscheint, auf den Kauf eines solchen Bäumchens verzichten.

Standort: in der Wohnung an einem hellen Fenster. Hier wird aber heiße Mittagssonne nicht vertragen. Im Sommer kann das Bäumchen auch im Freien an schattiger, aber heller Stelle stehen. Auch im Winter sollte die Pflanze bei einer Mindestlufttemperatur von 20 °C gehalten werden. Es muß eine Luftfeuchtigkeit von nicht unter 50% gewährleistet sein. Gute Ergebnisse können erzielt werden, wenn die Pflanze im Winter auf einer Heizmatte plaziert wird. Die Erde darf dabei eine Temperatur von 22 °C nicht unterschreiten.

Substrat: ein Gemisch aus Lehmgranulat, Sand und Pikiererde im Verhältnis 1:1:2. Auf eine gute Dränage ist zu achten. Alle zwei Jahre wird die Erde zu einem Drittel ausgewechselt, bei gleichzeitigem und vorsichtigem Wurzelschnitt.

Wasserversorgung: Die Barbadoskirsche braucht eine gleichmäßige Bodenfeuchte. Nässe wird ebenso mit Blattabwurf beantwortet wie Trockenheit. Zum Gießen verwendet man Regenwasser, das im Winter nicht zu kalt sein darf (Zimmertemperatur).

Düngen: ab März bis Oktober alle drei Wochen mit einem organischen Bonsaidünger. Im Winter reichen Nährstoffgaben im vier- bis sechswöchigen Abstand.

Gestaltung: Denkbar sind alle bekannten Stilarten. Die Besenform ist nur durch gezielten Rückschnitt zu erzielen. Will man eine andere Form erreichen, müssen die Äste frühzeitig gedrahtet und in Form gebracht werden. Ein- und zweijährige Äste lassen sich noch leicht biegen. Ältere Äste werden sehr störrig und müssen gespannt werden.

Der Rückschnitt erfolgt je nach Größe des Baumes ab einer Trieblänge von 10–15 cm auf ein bis drei Blattpaare, je nach Stellung des Astes in der Krone.

Pflanzenbeschaffung: *M. coccigera* läßt sich durch Stecklinge vermehren, die in geheizte Erde gesetzt werden. Manchmal sind ältere Stecklinge als Topfpflanze erhältlich. Häufig wird die Pflanze nur als Bonsai angeboten.

Schädlinge: *M. coccigera* ist nicht sehr anfällig für Schädlinge.

Malpighia coccigera, Jungpflanze

Metrosideros excelsa

Eisenholzbaum ○

Das immergrüne, aus Neuseeland stammende Gehölz entwickelt sich in seiner Heimat zu großen Sträuchern oder kleinen Bäumen. Die spitzovalen, kleinen Blätter sind gegenständig angeordnet. Die Blüte der immergrünen Pflanze entwickelt sich im zeitigen Frühjahr.
Wegen seiner relativ kleinen Blätter eignet sich der Eisenholzbaum zur Gestaltung von Miniaturbonsai.
Standort: ein heller, stundenweise auch sonniger Platz. Im Sommer kann die Pflanze auch im Freien gehalten werden. Den Winter sollte sie in einem ungeheiztem Raum verbringen.
Substrat: eine Mischung aus japanischem Azaleengranulat, Lehmgranulat, Sand und Pikiererde zu gleichen Teilen. Wird Leitungswasser zum Gießen verwendet, muß einmal im Jahr ein Drittel der Erde, bei gleichzeitigem Wurzelschnitt, erneuert werden.
Wasserversorgung: Am besten Regenwasser verwenden. Steht dieses nicht zur Verfügung, kann auch mit abgestandenem oder abgekochtem Leitungswasser gegossen werden. Den Sommer über hält man die Pflanze gut feucht. Im Winter wird erst gewässert, wenn die Oberfläche des Pflanzsubstrats trocken ist.
Düngen: mit organischem Bonsaidünger. Dieser wird vom Frühjahr bis zum Sommerende alle zwei Wochen verabreicht. Im Winter düngt man nur alle vier Wochen.
Gestaltung: Alle Stilarten sind möglich. Soll kein Draht bei der Gestaltung verwendet werden, läßt sich durch gezielten Rückschnitt leicht die Besenform erzielen. Bei anderen Stilarten muß man drahten oder spannen.

Metrosideros excelsa, etwa 10 Jahre alt, Sammlung Prinsler und Werner

Murraya paniculata, etwa 20 Jahre alt, Sammlung Rüger

Zweijährige Äste lassen sich noch durch Drahten in die gewünschte Form bringen. Ältere Äste werden durch Spannvorrichtungen geformt, um keine bleibenden Druckstellen in der Rinde zu verursachen. Der Rückschnitt erfolgt bei kleinen Bonsai (unter 20 cm Höhe) ab einer Trieblänge von 5–10 cm auf ein oder zwei Blattpaare.

Bei größeren Exemplaren kann der Austrieb auch länger werden. Dadurch gewinnt der Stamm schneller an Dicke.
Pflanzenbeschaffung: Der Eisenholzbaum kann durch Stecklinge vermehrt werden. Als Bonsai ist er immer häufiger im Handel anzutreffen.
Schädlinge: Auf den Eisenholzbaum spezialisierte Schädlinge sind nicht bekannt.

Murraya paniculata

Orangenjasmin ○ – ◑

Der aus Asien stammende immergrüne Baum mit graubeigefarbenem Stamm bildet wechselständige, unpaarig gefiederte Blätter und in Dolden stehende weiße, stark duftende Blüten. Nur wenige Blüten einer Dolde öffnen sich gleichzeitig. Sind diese verblüht, öffnen sich die nächsten. Aus den befruchteten Blüten entwickeln sich orangefarbene bis rote, 2–3 cm große, runde bis ovale Früchte, die nicht eßbar sind.
Der Orangenjasmin ist für Bonsai-Anfänger geeignet. Wegen seiner sehr struppigen Form erfreut er sich aber nicht so großer Beliebtheit.
Standort: das ganze Jahr über ein heller, halbschattiger Platz in der Wohnung. Im Sommer darf die Pflanze auch im Freien an einem vor der Mittagssonne geschützten Platz stehen. Die kältere Jahreszeit sollte der Baum allerdings in einem geheizten Raum bei Temperaturen um 20°C verbringen. Dabei darf die Luft nicht zu trocken werden.
Substrat: ein Gemisch aus Lehmgranulat, Sand und Pikiererde im Verhältnis 2:1:1. Die Erde muß mindestens alle zwei Jahre zur Hälfte ausgetauscht werden.
Wasserversorgung: Die ersten Wochen nach dem Umpflanzen sollte man den Baum nicht tauchen, da er sonst zu lange naß bleibt. Ist die Substratoberfläche nur noch leicht feucht, wird gleichmäßig gegossen. Leitungswasser kann bedenkenlos verwendet werden. Steht die Pflanze allerdings das ganze Jahr in der Wohnung, so daß sie nie Regen abbekommt, sollte die Erde jedes Jahr komplett gewechselt werden.
Düngen: junge Pflanzen mindestens alle zwei Wochen mit einem organischen oder mineralischen Bonsaidünger. Ältere Exemplare kann man bis zum Erscheinen der Blütenansätze auch nur alle vier Wochen düngen und dann erst häufiger.
Gestaltung: Wegen der gefiederten Blätter, die sehr störrig in alle Richtungen wachsen, eignet sich der Orangenjasmin nicht als Miniaturbonsai. Es sollte eine Mindesthöhe von 50 cm geplant werden, da die Blätter sonst die Konturen der gewünschten Form stark verwischen können. Alle Stilarten sind denkbar.
Drahten lassen sich ein- und zweijährige Äste. Ältere Äste können manchmal noch mit Hilfe von Spanndrähten in ihrer Richtung verändert werden.
Der Rückschnitt erfolgt bei jungen Pflanzen ab einer Trieblänge von 20 cm auf ein bis drei Blätter. Ältere, bereits kräftige und gut entwickelte Exemplare können auch früher, ab einer Trieblänge von 10 cm, auf ein oder zwei Blätter zurückgenommen werden.
Pflanzenbeschaffung: Der Orangenjasmin ist häufig im Bonsaihandel zu finden und wird hier in sehr unterschiedlichen Alters- und Gestaltungsstufen angeboten. Stecklinge lassen sich leicht bewurzeln. Bereits bewurzelte Stecklinge werden neuerdings auch im Blumenhandel verkauft.
Schädlinge: Der Orangenjasmin wird hauptsächlich von Schildläusen, bei trockener Luft auch von Spinnmilben befallen.

Myrciaria cauliflora

Jaboticaba

○ – ◑

Das in Mittel- und Südamerika beheimatete Obstgehölz bildet einen kurzen Stamm, bei dem sich die Borke in großen Placken ablöst und so eine kurzzeitige Scheckung entstehen läßt, wie sie auch bei Platanen zu beobachten ist. Der immergrüne Baum entwickelt an seinen sehr unregelmäßig und stark verzweigt wachsenden hellbraunen Zweigen gegenständige, ovale, am Ende zugespitzte, glattrandige und hellgrüne Blätter.

Die in Büscheln direkt am Holz sitzenden weißen Blüten entwickeln sich später zu eßbaren weintraubenähnlichen Früchten. Aufgrund des Wuchsverhaltens und der kleinen Blätter ist das Gehölz eine beliebte Zimmerbonsaipflanze.

Standort: ein heller, halbschattiger Platz, im Sommer auch im Freien. Bei einer Luftfeuchtigkeit von mindestens 50% kann der Baum im Winter in einem geheizten Raum stehen. Wenn das nicht möglich ist, zieht man einen ungeheizten Raum vor, in dem es aber nicht kälter als 12 °C sein darf.

Substrat: eine Mischung aus Lehmgranulat, Pikiererde und Sand im Gewichtsverhältnis 2:2:1. Die Erde sollte bei jungen Pflanzen einmal im Jahr, bei älteren Pflanzen dagegen nur alle zwei Jahre gewechselt werden.

Wasserversorgung: salzarmes Wasser verwenden. Wer kein Regenwasser zur Verfügung hat, kann auch destilliertes Wasser im Verhältnis 1:1 mit Leitungswasser mischen. Gewässert wird, sobald die Oberfläche der Erde nur noch leicht feucht ist.

Düngen: während des Wachstums alle zwei bis drei Wochen mit einem organischen Bonsaidünger. Im Winter alle vier Wochen düngen.

Gestaltung: Der natürlichen Wuchsform kommt von den japanischen Stilarten die Besenform am nächsten. Andere Formen sind allerdings auch denkbar.

Ein- bis dreijährige Äste lassen sich durch Drahten in Form bringen. Ältere, kräftigere Äste müssen mit Spanndrähten korrigiert werden.

Der Baum bildet keine besonders langen Triebe, ohne die Wuchsrichtung zu verändern. Er schließt oft bereits bei 10 cm Trieblänge das Längenwachstum ab, macht eine kurze Pause, verzweigt sich an der Spitze des Triebes und wächst unter Veränderung der Wuchsrichtung in zwei Trieben weiter.

Geschnitten wird am besten während der kurzen Wachstumspause, vor dem Einsetzen der Verzweigung. Um den Baum kompakt zu halten, kann ins alte Holz zurückgeschnitten werden. Aus dem die Pflanze leicht wieder neue Triebe sprießen läßt.

Pflanzenbeschaffung: *M. cauliflora* wird im Bonsaifachhandel in verschiedenen Altersstufen angeboten. Will man sich eine Pflanze selbst aufziehen, ist dies über Stecklinge möglich.

Schädlinge: Die Pflanze wird leicht von Blattläusen befallen.

Myrsine africana

Myrsine

○

Der unter anderem in Afrika vorkommende kleine immergrüne Strauch entwickelt feste, runde, kleine und gegenständige Blättchen.

Das Gehölz eignet sich wegen seiner sehr kleinen Blättchen besonders als Miniaturbonsai.

Standort: das ganze Jahr über ein heller Platz, im Sommer auch im Freien. Im Winter sollte die Myrsine in einem kühlen, unbeheizten Raum stehen.

Myrciaria cauliflora, etwa 15 Jahre alt, Sammlung Prinsler und Werner

Myrsine africana, etwa 10 Jahre alt, Sammlung Prinsler und Werner

Substrat: Eine Mischung aus Lehmgranulat, Sand und Pikiererde zu gleichen Teilen. Das Substrat kann jedes Jahr zur Hälfte ausgewechselt werden.
Wasserversorgung: Im Sommer sollte die Pflanze gut feucht gehalten werden. Im Winter kann man sparsamer gießen. Es eignet sich normales Leitungswasser.
Düngen: ab beginnendem Austrieb im Frühjahr vierzehntägig mit organischem Bonsaidünger. Von Ende August an reicht ein vierwöchiger Düngerrhythmus.
Gestaltung: Es sind alle Stilarten denkbar. Sehr beliebt ist die Besenform. Diese läßt sich ohne Draht, nur durch gezielten Rückschnitt erreichen.
Wegen der Dichte der Krone lassen sich die Äste nur schwer drahten, ohne gleichzeitig einen Teil der Seitenzweige zu entfernen. Ein- bis dreijährige Äste kann man noch leicht biegen. Ein im Frühjahr angelegter Draht kann wegen des geringen Dickenwachstums oft ein ganzes Jahr am Baum bleiben.
Der Rückschnitt erfolgt ab einer Trieblänge von 5 cm auf ein bis drei Blattpaare. Soll ein ganz neuer Ast entwickelt werden, kann man diesen auch erst bei einer Länge von 20 cm reduzieren.
Pflanzenbeschaffung: Die Myrsine kann leicht durch Stecklinge vermehrt werden. Mehr oder weniger durchgestaltete Pflanzen findet man im Bonsaifachhandel. Diese sind meist erst ein paar Jahre alt. Alte, kräftige Bonsai sind kaum zu finden.
Schädlinge: Auf die Myrsine spezialisierte Schädlinge wurden nicht beobachtet.

Myrtus communis

Myrte

○ – ◑

Der immergrüne Strauch aus der Mittelmeerregion bildet seine gegenständigen Blätter eilanzettförmig, derbe und dunkelgrün aus. Die weißen Blüten entwickeln sich nach der Befruchtung zu schwarzen Beeren. Im Alter wird der rotbraune Stamm leicht borkig.

Die Myrte ist sehr robust und kann auch von Bonsai-Anfängern gehalten werden.

Standort: ein sonniger bis halbschattiger Platz in Fensternähe. Vom Frühjahr bis zum Herbst kann die Myrte auch im Freien stehen. An die Sonne muß man sie dann allerdings erst gewöhnen. Hat die Myrte den Sommer im Freiland verbracht, hält sie im Herbst auch schwachen Frost aus. Sicherheitshalber holt man sie aber Ende November in die Wohnung zurück. Hier sollte sie den Winter an einem hellen, kühlen Platz verbringen. Viele Myrten gedeihen aber auch im geheizten Raum, wenn die Temperatur nachts absinkt und die Luftfeuchtigkeit nicht zu gering ist.

Substrat: eine Mischung aus Lehmgranulat, Sand und Pikiererde im Gewichtsverhältnis 2:1:1. Andere Mischungen werden auch gut vertragen.

Wasserversorgung: gleichmäßig feucht halten. Staunässe unbedingt vermeiden. Es kann mit normalem Leitungswasser gegossen werden.

Düngen: solange sich die Pflanze noch in der Entwicklung befindet, vom Frühjahr bis zum Sommer alle vierzehn Tage mit einem organischen Bonsaidünger. Ist der Myrtenbonsai bereits gut entwickelt und sollen Blüten angesetzt werden, wird nur einmal pro Monat gedüngt. Nach dem Blütenansatz können die Düngergaben wieder häufiger erfolgen.

Gestaltung: Junge Pflanzen schneidet man erst ab einer Trieblänge von etwa 10 cm zurück, um das Dickenwachstum zu fördern. Hierbei werden die Triebe, je nach Stellung des Astes in der Krone, auf ein bis fünf Blattpaare zurückgeschnitten. Ältere und kräftigere Pflanzen kann man bereits ab 5 cm Trieblänge auf ein bis zwei Blattpaare zurücknehmen.

Da der Neuaustrieb der Myrte meist nach oben gerichtet ist, kann bei der Gestaltung zum Bonsai nicht auf Draht verzichtet werden. Ein- und zweijährige Äste lassen sich noch leicht biegen. Ältere Äste sind sehr spröde und brechen leicht. Deshalb muß man bei diesen besonders vorsichtig sein. Werden kräftige Äste nicht gedrahtet, sondern gespannt, besteht die Gefahr, daß diese am Stamm ausreißen oder ganz abbrechen.

Pflanzenbeschaffung: Myrten lassen sich leicht durch Stecklinge vermehren. Drei- bis fünfjährige ungestaltete Pflanzen werden auch in Blumenläden und Gartencenter als Topfpflanze angeboten. Auch Myrtenbonsai sind häufig im Handel zu finden.

Schädlinge: Die Myrte kann von Schildläusen befallen werden.

Myrtus communis, etwa 12 Jahre alt, Sammlung Bünger

Nandina domestica

Nandine

○

Das aus Japan und China stammende immergrüne Gehölz entwickelt Sträucher mit vielen Stämmen und gefiederten Blättern. Diese sind im Sommer grün und färben sich im Herbst und Winter rot. Die in lockeren Blütenständen wachsenden kleinen, weißen Blüten entwickeln sich später zu roten Beeren.
Die Nandine ist kaum in eine echte Baumform zu ziehen, da ihr Erscheinungsbild eher dem eines Bambus ähnelt.
Standort: das ganze Jahr über hell. Einige Stunden pro Tag in der Sonne. Im Sommer steht die Nandine gerne im Freien. Sobald im Herbst mit Frost zu rechnen ist, wird sie wieder in die Wohnung geholt, wo sie die kalte Jahreszeit in einem ungeheizten Raum bei Temperaturen unter 18°C verbringt.
Substrat: nicht zu feinkörnig, damit wegen des großen Wasserbedarfs keine Staunässe entsteht und das überschüssige Wasser gut ablaufen kann. Es eignet sich eine Mischung aus Lehmgranulat, grobem Sand und Pikiererde im Gewichtsverhältnis 2:1:1. Alle zwei Jahre werden, bei gleichzeitigem Wurzelschnitt, zwei Drittel der Erde ausgewechselt.
Wasserversorgung: Im Sommer muß *N. domestica* kräftig gegossen werden. Im Winter hängt der Wasserbedarf weitgehend von der Raumtemperatur und der Luftfeuchtigkeit ab. Zum Gießen eignet sich Regenwasser. Muß mit Leitungswasser gegossen werden, sollte dies zumindest abgestanden sein.
Düngen: von März bis September alle zwei Wochen mit einem organischen Bonsaidünger. In der übrigen Zeit reichen Düngergaben in vierwöchigen Abständen.
Gestaltung: Das natürliche Wuchsverhalten läßt keinen großen Gestaltungsspielraum. Der Austrieb ist immer steil

Nandina domestica, etwa 5 Jahre alt

nach oben gerichtet. Deshalb kommt das Erscheinungsbild der Waldform der Pflanze am meisten entgegen.
Auch nach mehrmaligem Rückschnitt bilden sich nur wenige Seitentriebe. Übersteigen die Triebe die gewünschte Höhe, können sie kräftig, auch bis in Bodennähe, eingekürzt werden. Nach einiger Zeit bilden sich Ersatztriebe, die dann wieder in die Höhe wachsen.
Junge Triebe können noch leicht gedrahtet werden. Älteres Holz ist sehr hart und brüchig.
Pflanzenbeschaffung: Manchmal wird die Nandine in Baumschulen oder Gärtnereien angeboten. Im Bonsaifachhandel ist sie nicht immer erhältlich, kann aber meist auf Anfrage besorgt werden. Die Nandine kann man auch über Stecklinge vermehren.
Schädlinge: *N. domestica* wird leicht von Blattläusen befallen.

Olea europaea
Olivenbaum ○ – ◑

Im Alter hat dieser immergrüne Baum einen borkigen, knorrigen Stamm. Er zählt zu den ältesten Kulturpflanzen der Erde und kommt vor allem in der Mittelmeerregion vor. Die ledrigen, lanzettlichen Blätter, die je nach Sorte stark in der Länge variieren, sind gegenständig angeordnet, oberseits dunkelgrün und unterseits gräulichgrün ausgebildet.

Die vierzähligen, weißen, in Rispen zusammenstehenden Blüten werden von Insekten bestäubt und entwickeln später die anfangs grünen, im reifen Zustand dunkelvioletten Oliven.

Steht für den Winter ein unbeheizter Raum zur Verfügung, kann der Olivenbaum problemlos in der Wohnung gehalten werden.

Standort: Der Olivenbonsai gedeiht am besten an einem sonnigen Platz, kann aber auch halbschattig gehalten werden. Für die Entwicklung des Baumes wirkt es sich sehr vorteilhaft aus, wenn er im Sommer auf dem Balkon oder im Garten steht. Im Herbst kann er dann wieder in die Wohnung, um hier den Winter in einem ungeheizten Raum bei einer Temperatur zwischen 5 und 18 °C zu verbringen.

Substrat: eine Mischung aus Lehmgranulat und Sand im Gewichtsverhältnis 2:1. Andere Mischungen werden auch erfolgreich angewendet.

Wasserversorgung: mit abgestandenem oder abgekochtem Leitungswasser, sobald die Oberfläche der Pflanzenerde leicht angetrocknet ist. Wird er dem natürlichen Klima seiner Heimat entsprechend im Winter kühl gehalten (zwischen 5 und 12 °C), benötigt er in dieser Zeit nur wenig Wasser. Steht er in einem geheizten Raum, verbraucht er entsprechend mehr.

Düngen: ganzjährig mit einem organischen oder auch anorganischen Bonsaidünger, vom Frühjahrsaustrieb bis zum Herbst vierzehntägig. Im Winter reichen Düngergaben im Abstand von vier Wochen.

Gestaltung: Die natürliche Wuchsform des Olivenbaums läßt eine Gestaltung in fast alle japanischen Stilarten zu. Meist wird er in der Besenform oder in der aufrechten Form gehalten.

Der Olivenbaum wächst hauptsächlich im Frühjahr oder im Herbst, also in der Zeit, die in seiner Heimat die regenreichste ist. Den Austrieb kann man bei einer bereits gestalteten Pflanze ab einer Länge von 5–10 cm auf ein bis drei Blattpaare zurückschneiden. Sollen bei einer Grundgestaltung kräftige Äste entfernt werden, geschieht dies am besten im Frühjahr mit beginnendem Austrieb.

Zweijährige Äste lassen sich noch drahten. Wird hierbei allerdings die Rinde verletzt, bleiben die Narben noch lange sichtbar.

Pflanzenbeschaffung: Der Olivenbaum läßt sich durch verholzte Stecklinge vermehren. Im Handel sind manchmal bereits grob vorgestaltete Pflanzen zu bekommen. In seltenen Fällen wird die Olive auch als Jungpflanze angeboten. Beim Urlaub in den Mittelmeerländern läßt sich die Pflanze in den dortigen Baumschulen finden.

Die kleinblättrigen Sorten sind den großblättrigen vorzuziehen.

Schädlinge: Ein Befall mit Spinnmilben ist für die Olive lebensgefährlich, da diese meist nicht erkannt werden. Die Spinnmilbe verursacht anfangs die Ausbildung deformierter Blätter, die später in noch grünem Zustand abfallen. Bei starkem Befall sind feine, mit winzigen Tieren besiedelte Spinnfäden zu erkennen. Vor einer Bekämpfung sollte man einen Fachmann zu Rate ziehen, da die meisten im Handel befindlichen Mittel gegen Spinnmilben nur kurzfristig wirken.

Olea europaea, etwa 6 Jahre alt, Sammlung Caspary

Pinus halepensis

Seekiefer ○

Die im Mittelmeerraum, von Spanien bis Kleinasien, und im westlichen Nordafrika anzutreffende Kiefer wird dort auch als Nutzholz angepflanzt. Die Seekiefer kommt mit sehr wenig Niederschlag aus. Der im Alter rotbraune Stamm mit rissiger Borke trägt eine lichte Krone, deren Äste sich durch häufige Änderung der Wuchsrichtung auszeichnen. Die bis zu 15 cm langen, weichen Nadeln sitzen zu zweit an den Zweigen. Aus dem weiblichen Blütenstand entwickelt sich ein gestielter rotbrauner Zapfen.
Die Seekiefer kann nur unter bestimmten Bedingungen als Zimmerbonsai gehalten werden: So muß sie einige Zeit des Jahres im Freien verbringen und im Winter bei Temperaturen unter 10°C stehen. Dabei darf die Luftfeuchtigkeit nicht unter 50% absinken.
Standort: am besten ein heller und sonniger Platz. Die Seekiefer ist leichter zu pflegen, wenn sie vor der Mittagssonne geschützt wird, da sie sonst an heißen Tagen oft gewässert werden muß. Von Mai bis zum September sollte sie im Freien, im Garten oder auf dem Balkon stehen. Den Winter verbringt sie am besten in einem kalten Wintergarten, einem ungeheizten Raum in der Wohnung, am zeitweise geöffneten Fenster oder in einem frostfreien Glashaus im Garten.
Substrat: eine Mischung aus Lehmgranulat, Sand und Lavasplitt im Gewichtsverhältnis 2:1:1. Alle zwei bis drei Jahre werden zwei Drittel der Erde ausgetauscht. Gleichzeitig erfolgt ein Wurzelschnitt.
Wasserversorgung: Kalkhaltiges Leitungswasser ist willkommen. Solange die Pflanze jung ist, sollte sie gleichmäßig feucht, aber nicht naß gehalten werden. Ältere Exemplare vertragen kurzzeitige Trockenheit, junge Triebe trocknen dann allerdings ein.
Düngen: Junge Pflanzen vierzehntägig, ältere monatlich mit einem organischen oder mineralischen Bonsaidünger versorgen. Im Winter muß gar nicht gedüngt werden.
Gestaltung: Bis auf die Besenform können alle Stilarten den Wuchs des Baumes in der Natur wiedergeben. Leicht ist die aufrechte Form zu erreichen. Ältere Bäume entwickeln relativ lange Nadeln, deshalb sollte die Endgröße nicht unter 30 cm angesetzt werden.
Die Äste bleiben lange elastisch und biegsam. So können auch dreijährige Äste noch durch Drahten in Form gebracht werden. Kontrolliert man den Draht allerdings nicht regelmäßig, ist die Gefahr des Einwachsens sehr groß. Das Dickenwachstum geht zeitweise sehr schnell vonstatten. Ist der Draht zu eng, muß er entfernt und meist durch einen neuen ersetzt werden. An gedrahteten Stellen sollte man die Nadeln entfernen, da diese schnell braun und deshalb unansehnlich werden.
Der Austrieb wird bei jungen Pflanzen bei einer Länge von etwa 15–20 cm zurückgeschnitten. In der Spitze reduziert man stärker als im unteren Kronenbereich.
Pflanzenbeschaffung: Die Seekiefer wird manchmal als Bonsai im Fachhandel angeboten. Hier handelt es sich in der Regel um junge Bäume, bei welchen die Nadeln noch einzeln sitzen und relativ kurz sind. Auch Samenvermehrung ist möglich.
Schädlinge: Die Seekiefer ist nicht sehr schädlingsanfällig.

Pinus halepensis, etwa 8 Jahre alt

Pinus pinea
Pinie ○

Die Pinie ist eine der verbreitetsten Kiefern des Mittelmeerraumes. Sehr auffällig ist ihr schirmförmiger Wuchs. Der im Alter grobborkige und dunkelbraune Stamm zeigt rötliche Flecken, wo die Borke abbröckelt. Die bis zu 20 cm langen Nadeln sitzen zu zweit an den anfangs grünen, später braunen Zweigen. Die großen Früchte in den gedrungenen, rundlichen Zapfen unterscheiden sich von denen anderer Kiefern durch stark reduzierte, fast fehlende Flügel. Die Pinie zählt zu den wenigen Nadelbäumen, die unser Zimmerklima wenigstens zeitweise ertragen können. Eine befriedigende Gestaltung läßt sich allerdings nur erreichen, wenn der Baum während des Wachstums im Freien steht und wenn er im Winter so kalt aufgestellt werden kann, daß er nicht weiter wächst.
Standort: Ein heller und sonniger Platz, der gegen die Mittagssonne abgeschirmt wird. Im Sommer steht die Pinie am liebsten im Freien, im Garten oder auf dem Balkon. Den Winter kann sie auch in einem ungeheizten Raum verbringen, wenn die Luftfeuchtigkeit nicht unter 50% absinkt.
Im Winter werden auch Temperaturen knapp über 0°C gut vertragen.
Substrat: Eine Mischung aus Lehmgranulat, Sand und Lavasplitt im Gewichtsverhältnis 2:1:1. Alle zwei bis drei Jahre wird die Erde zu zwei Dritteln ausgewechselt. Gleichzeitig kann man die Wurzeln reduzieren.
Wasserversorgung: Die Erde sollte im Sommer besonders bei jungen Pflanzen gleichmäßig feucht gehalten werden. Im Winter wird kurzzeitige Trockenheit toleriert. Man kann normales Leitungswasser verwenden.
Düngen: während der Wachstumsperiode alle zwei bis drei Wochen mit einem mineralischen oder organischen Dünger. Im Winter muß nicht gedüngt werden.
Gestaltung: Die Pinie gehört zu den wenigen Kiefern, für die die Besenform mit flacher und breiter Krone der natürlichen Wuchsform am nächsten kommt. Andere Formen sind allerdings ebenso gut möglich. Sie entwickelt sehr lange Nadeln, die manchmal neben kürzeren an jüngeren Trieben stehen. In solchen Fällen können die langen Nadeln ausgezupft werden. Die Pinie sollte nicht zu klein angelegt sein, damit die Proportionen akzeptabel bleiben. Bei jungen Pflanzen bleiben Stamm und Äste lange biegsam und können selbst nach drei Jahren noch gut durch Drahten geformt werden. An den Stellen, wo Draht angelegt werden soll, entfernt man am besten die Nadeln, damit diese nicht unter den Draht geraten. Der Draht sollte nicht zu eng sitzen, da er sonst sehr schnell einwächst. Ein im Winter gedrahteter Baum kann meist im Juni wieder vom Draht befreit werden und eventuell neuen Draht erhalten, wenn die Äste noch nicht in der gewünschten Stellung verbleiben. Bei älteren Pflanzen kann man starke Äste auch spannen.
Junge Triebe schneidet man bei Pflanzen, die noch keine paarigen Nadeln ausbilden, ab einer Länge von 15–20 cm zurück. Die Triebe im oberen Kronenbereich werden kürzer zurückgeschnitten als im unteren. Schneidet man ältere Exemplare bis ins mehrjährige Holz zurück, sollte das verbleibende Aststück mindestens teilweise noch benadelt sein, da sonst nicht unbedingt mit einem Neuaustrieb gerechnet werden kann.
Pflanzenbeschaffung: Pinien lassen sich aus Samen ziehen, der im Lebensmittelhandel erhältlich ist, da die Piniensamen sehr schmackhaft sind. Zweijährige Pflan-

Pinus pinea, Jungpflanze

zen erhält man in der Adventszeit im Blumenhandel. Ältere Exemplare kann man im Mittelmeerraum in Baumschulen kaufen. Bereits gestaltete Pflanzen sind im Handel äußerst selten.

Schädlinge: Bei den Sämlingen tritt sehr oft Pilzbefall auf, wenn diese zu feucht gehalten werden. Eine Bekämpfung ist nur vorbeugend durch nicht zu häufiges Gießen möglich.

Pistacia lentiscus

Mastixstrauch ○ – ◑

Die immergrüne, meist strauchförmig, manchmal baumförmig wachsende Pflanze stammt aus dem Mittelmeergebiet. Relativ häufig ist sie direkt an der Küste anzutreffen. Die wechselständigen Blätter sind paarig gefiedert, und die einzelnen Fieder können bei der wild wachsenden Pflanze eine Länge von 5 cm erreichen. Die Blüten stehen in dichten Blütenständen in den Blattachsen. Aus den weiblichen Blüten entwickeln sich anfangs rötliche, später schwarze Früchte, die nicht eßbar sind.
Der Mastixstrauch kann, werden die Ansprüche an das Raumklima befriedigt, als leicht zu haltende Pflanze bezeichnet werden, mit der auch ein Bonsai-Anfänger zurechtkommt.

Standort: am besten ein heller, halbschattiger Platz. Der Mastixstrauch hält sich aber auch am Sonnenfenster. Obwohl er auch trockene Luft erträgt, ist eine Weiterentwicklung nur bei erhöhter Luftfeuchtigkeit möglich. Im Sommer kann die Pflanze auch im Freien stehen. Sie muß langsam an die Sonne gewöhnt werden. Im Winter ist ein Standort in der Wohnung bei Temperaturen unter 18 °C wünschenswert, zum Beispiel am Fenster eines ungeheizten Schlafzimmers.

Substrat: Die Erde kann aus körnigem Lehm und Sand bestehen. Auch andere, gut wasserdurchlässige Mischungen werden vertragen, beispielsweise eine Mischung aus Lehmgranulat, Sand und Pikiererde im Verhältnis 2:1:1.

Wasserversorgung: Der Mastixstrauch kann auch mit kalkhaltigem Leitungswasser gegossen werden. Vor dem Wässern sollte die Oberfläche des Substrats nur noch leicht feucht sein.

Düngen: mit organischem Bonsaidünger von Februar bis September in wöchentlichem Abstand. Im Winter alle vier Wochen.

Gestaltung: Durch das gefiederte Blatt ist eine deutliche Struktur nur bedingt zu erreichen, da die Blätter meist störrisch in alle Richtungen zeigen. Ab einer Baumhöhe von 30 cm ist dieses Problem aber zu bewältigen, indem einzelne Blätter, die die klare Linienführung stören, eingekürzt oder ganz entfernt werden.
Der Mastixstrauch wird meist in der Besenform oder in der frei aufrechten Form gezogen. Es sind aber auch andere Stilarten denkbar, wie die Kaskade oder auch Mehrfachstämme.
Ein- bis zweijährige Äste lassen sich noch leicht drahten. In der Wachstumszeit muß der Draht regelmäßig kontrolliert werden. Da die Pflanze im Frühjahr und im Herbst den meisten Zuwachs hat, schneidet man in dieser Zeit auch häufig zurück. Junge Pflanzen läßt man Triebe von bis zu 20 cm Länge bilden und schneidet diese dann, je nach Stellung des Astes in der Krone, auf ein bis fünf Blätter zurück. Das der Schnittstelle am nächsten sitzende Blatt gibt die Richtung an, in welche nach etwa drei Wochen der Neuaustrieb erfolgt. Ältere, gut entwickelte Pflanzen werden früher zurückgeschnitten, damit die jungen Äste nicht zu dick werden und sich im äußeren Kronenbereich eine Verästelung entwickeln kann.

Pflanzenbeschaffung: Der Mastixstrauch läßt sich durch Stecklinge vermehren. Im Handel ist er nur als Bonsai zu bekommen. Hier handelt es sich allerdings oft um sehr junge, ungestaltete Pflanzen, die lediglich in eine Bonsaischale gesetzt wurden.

Schädlinge: *P. lentiscus* wird von Schildläusen und Wolläusen befallen. In hartnäckigen Fällen sollte man seinen Bonsaifachhändler um Hilfe bitten.

Pistacia lentiscus, etwa 8 Jahre alt

Podocarpus macrophyllus

Steineibe ○

Der in Südjapan und Südchina beheimatete immergrüne, zweihäusige Nadelbaum bildet an braunen, im zweiten Jahr leicht borkigen Zweigen quirlig angeordnete, breite und große Nadeln. Bei der Frucht sitzt der Samen dem violetten Fruchtfleisch auf. Der Baum schmückt in Asien viele Gärten und Tempelanlagen.

Die Steineibe ist der einzige Nadelbaum, der häufig als Bonsai gehalten wird.

Standort: an einem hellen, auch sonnigen Fenster. Vom Frühjahr bis zum Herbst kann die Steineibe im Freien stehen. Hier muß sie an direkte Sonnenbestrahlung schrittweise gewöhnt werden. Wenn die Pflanze bis zum Herbst draußen gestanden hat, verbringt sie den Winter in einem ungeheizten Raum bei Temperaturen zwischen 10 und 18 °C. Steineibenbonsai, die das ganze Jahr über in der Wohnung stehen, können im Winter auch an einen geheizten Raum gewöhnt werden.

Podocarpus macrophyllus, etwa 15 Jahre alt

Substrat: eine gut durchlässige Mischung aus Lehmgranulat, Sand und Pikiererde im Gewichtsverhältnis von 3:1:1. Das Pflanzsubstrat wird alle zwei bis drei Jahre zu zwei Dritteln ausgetauscht.

Wasserversorgung: mäßig feucht halten. An das Gießwasser werden keine besonderen Ansprüche gestellt.

Düngen: vom Frühjahr bis Ende August alle drei Wochen mit einem organischen oder mineralischen Bonsaidünger. Im Winter verzichtet man dann auf eine Düngung, um ein erneutes Austreiben zu verhindern.

Gestaltung: Bis auf die Besenform sind alle Stilarten möglich. Meist wird die Steineibe in der aufrechten Form oder als Kaskade gezogen.

Importierte Exemplare sind oft mit Stahldraht gedrahtet, der sehr schnell einwächst. Dieser Draht sollte möglichst bald entfernt werden, auch weil er leicht Rostspuren auf dem Stamm hinterläßt. In der Regel behalten die Äste aber noch nicht die gewünschte Form und müssen anschließend mit Aluminiumdraht neu gedrahtet werden. Man kann kräftige Äste auch mit Hilfe einer Spannvorrichtung in die gewünschte Form bringen.

Der Neuaustrieb wird ab einer Länge von 10 cm auf 1–5 cm zurückgeschnitten. An Ästen, die sich stärker verzweigen sollen, entfernt man ältere Nadeln, um die Entwicklung neuer Knospen zu fördern.

Pflanzenbeschaffung: Die Steineibe läßt sich durch Stecklinge vermehren. Wegen des langsamen Wachstums sollte man allerdings mit einer etwas älteren Pflanze beginnen. Diese werden nicht selten im Bonsaihandel angeboten. Manchmal sind ungestaltete Jungpflanzen auch im Blumenhandel zu finden.

Schädlinge: Auf die Steineibe spezialisierte Schädlinge sind nicht bekannt.

Portulacaria afra
Speckbaum
○ – ◑

Die aus Südafrika stammende wasserspeichernde Pflanze kommt sowohl strauchförmig als auch als kleiner Baum vor. Die fleischigen Äste des immergrünen Speckbaums tragen gegenständige, dicke, wasserhaltige und hellgrüne Blättchen. Am anfangs glatten Stamm bildet sich nach einigen Jahren eine dunkelbraune, runzelige Borke.
Wegen ihrer Anspruchslosigkeit zählt *P. afra* zu den Bäumen, die auch ein Anfänger leicht als Bonsai halten kann.
Standort: das ganze Jahr über einen hellen, auch sonnigen Platz. Vom Frühjahr (vor Spätfrost schützen!) bis zum Herbst kann die Pflanze im Freien, halbschattig bis sonnig, aufgestellt werden. Den Winter verbringt sie in der Wohnung: entweder in einem ungeheizten Raum oder auch im geheizten Raum mit Nachtabsenkung.
Substrat: eine gut durchlässige, humusarme Mischung aus Lehmgranulat, Lavasplitt und feinem Kies im Verhältnis 3:1:1.
Wasserversorgung: Im Sommer wird der Baum regelmäßig gegossen, obwohl er auch mal ein paar Tage Trockenheit verträgt. Im Winter, wenn er im kühlen Raum gehalten wird, bekommt er erst Wasser, wenn die Oberfläche des Pflanzsubstrats trocken ist. Es kann normales Leitungswasser verwendet werden.
Düngen: im Sommer mit einem stickstoffarmen Dünger (zum Beispiel Kakteendünger) alle zwei Wochen. Im Winter kann im ungeheizten Raum auf Düngung verzichtet werden. Steht der Baum im Winter tagsüber warm, muß man alle vier Wochen Dünger geben.
Gestaltung: Wird frühzeitig mit der Gestaltung begonnen, sind alle Stilarten denkbar. Sehr verbreitet: die Besenform und die aufrechte Form.
Fingerdicke Äste lassen sich mit Draht noch biegen. Der Draht wächst allerdings wegen des schnellen Dickenwachstums leicht ein, weshalb er häufig entfernt und erneuert werden muß.
Der Rückschnitt erfolgt ab einer Trieblänge von 5 cm auf ein bis zwei Blattpaare. Nur dort, wo sich ganz neue Äste entwickeln sollen, läßt man die Pflanze mehr treiben. Das gilt auch für die Spitze, wenn der Baum höher werden soll. Die Schnittstellen brauchen in der Regel nicht versorgt zu werden, da sie schnell austrocknen, und weil die Wundränder durch Zusammenziehen einen Wundverschluß herbeiführen.
Pflanzenbeschaffung: Der Speckbaum läßt sich leicht durch Stecklinge vermehren. Jungpflanzen sind im Blumenhandel erhältlich. Die Pflanze wird auch in verschiedenen Alters- und Entwicklungsstufen als Bonsai angeboten.
Schädlinge: Bei *P. afra* sind Wurzelläuse nicht selten. Sie müssen bekämpft werden, da sie auch auf andere Pflanzen überwechseln. Hierbei sollte man unbedingt den Rat eines Fachmannes einholen.

Portulacaria afra, etwa 8 Jahre alt

Punica granatum

Granatapfelbaum

○ – ◑

Das sommergrüne Gehölz aus der Mittelmeerregion hat lanzettliche bis ovale, gegenständige Blätter, die am Heimatstandort sehr robust, fast derbe ausgebildet werden. Der Granatapfelbaum wächst strauch- oder baumförmig, oft mit dornigen Zweigen und entwickelt große, rote, kelchförmige Blüten an den Triebenden, aus welchen die eßbaren, sehr schmackhaften Granatäpfel entstehen. Die kleinblättrige Sorte *Punica granatum* 'Nana', wächst strauchförmig und bildet kleinere, sehr zahlreiche Blüten der gleichen Form, ebenfalls an den Triebenden. Die Früchte werden entsprechend kleiner und eignen sich nicht zum Verzehr. Bei einigen Zuchtformen variieren Blütenfarbe und -form. Freunden blühender Bonsai ist der Granatapfel zu empfehlen, wenn für den Winter ein kühler Raum zur Verfügung steht.

Standort: im Sommer am besten ein sonniger bis halbschattiger Platz im Freien. Der Granatapfelbaum wird aber auch erfolgreich in der Wohnung gehalten. Hier muß er möglichst hell stehen. Da die Blüte am Triebende entsteht und der Baum im Freien kompakter wächst, ist hier ein Blütenansatz nicht zu weit außerhalb des Kronenbereiches wahrscheinlicher als in der Wohnung. Den Winter verbringt der Granatapfel am besten an einem frostfreien, aber kalten Ort. Eine Überwinterung in einem ungeheizten Raum ist auch möglich.

Substrat: eine Mischung aus Lehmgranulat, Sand und Pikiererde im Gewichtsverhältnis 2:1:1. Andere Mischungen werden ebenfalls erfolgreich verwendet. Jungen Pflanzen gibt man alle ein bis zwei Jahre neue Erde. Ältere Bäume können auch seltener umgepflanzt werden.

Wasserversorgung: In der warmen Jahreszeit kann man die Pflanze gut feucht halten, während sie im Winter, wenn der Baum sein Laub abgeworfen hat, nur mäßig gegossen werden muß. Wird der Granatapfelbaum mangels anderer Möglichkeiten warm überwintert, braucht er allerdings mehr Wasser. Zum Wässern kann normales Leitungswasser verwendet werden.

Düngen: mit einem organischen Bonsaidünger, und zwar großzügig. Mineralische Dünger sollten vorsichtig angewendet werden. Im Winter gar nicht düngen.

Gestaltung: Die natürliche Wuchsform läßt alle Stilarten zu. Ein- und zweijährige Äste lassen sich noch leicht durch Drahten in Form bringen. Ältere Äste sollten gespannt werden.

Vor dem Austrieb im Frühjahr schneidet man die Pflanze kräftig zurück, so daß der neue Austrieb Platz hat.

Junge, noch wenig entwickelte Pflanzen schneidet man dann wieder ab einer Trieblänge von 15 cm auf zwei bis fünf Blattpaare zurück, je nach Stellung des Astes in der Krone. Bäume, die bereits gut entwickelt sind, können auch früher zurückgeschnitten werden.

Man muß generell beachten, daß mit dem Rückschnitt des ersten Austriebs im Frühjahr auch die meisten Blütenanlagen mit entfernt werden. Wer also großen Wert auf Blüten legt, der muß entsprechende Abstriche bei der Form machen und darf erst nach dem Erscheinen der Blüten im Sommer (meist im Juni) den ersten Rückschnitt vornehmen.

Pflanzenbeschaffung: Die Pflanze läßt sich durch Aussäen der Fruchtkerne vermehren. Hierzu legt man diese ein paar Tage in Wasser, bis es zu gären beginnt. Nun entfernt man das Fruchtfleisch und sät sofort aus. Granatäpfel lassen sich auch leicht durch Stecklinge vermehren.

Punica granatum, etwa 8 Jahre alt, Sammlung Thönnessen

Wegen ihrer reichen Blütenansätze und der auffälligen Blüte ist *Punica granatum* 'Nana' sehr beliebt und wird häufig blühend im Handel angeboten. Der eigentliche Obstbaum *P. granatum* ist ebenfalls als Bonsai erhältlich, blüht aber nur bei ausreichend Sonne und dann auch nur mit wenigen Blüten. Die verschiedenen Zuchtformen können bisher nur im Mittelmeerraum gekauft werden.

Schädlinge: Der Granatapfel wird in der Wohnung häufig von der Weißen Fliege befallen. Die Bekämpfung ist sehr schwierig und sollte einem Fachmann überlassen werden. Im Freiland sind Granatapfelbonsai auch anfällig für Blattläuse.

Quercus ilex
Steineiche ○

Der immergrüne Laubbaum stammt aus der Mittelmeerregion und bildet auf einem glatten, gräulichen, im Alter schuppig werdenden Stamm eine runde, im Freistand auch schirmförmige Krone. Die wechselständigen, ledrigen Blätter sind meist deutlich stachelig gezähnt.
Obwohl die Steineiche ein sehr attraktiver Baum ist, findet man sie selten als Bonsai.
Standort: Den Sommer sollte die Steineiche an einem hellen, sonnigen Platz verbringen, wobei ihr das Freiland lieber ist als die Wohnung. Wird sie im Frühjahr ins Freie gestellt, muß man sie erst langsam an die Sonne gewöhnen. Nach der Eingewöhnung kann sie aber den ganzen Tag direkte Sonneneinstrahlung vertragen. Im Winter hält man die Steineiche am besten in der Wohnung, und zwar in einem ungeheizten, hellen Raum in Fensternähe.
Substrat: ein Gemisch aus Lehmgranulat, Sand und Pikiererde im Verhältnis 2:1:1. Andere, nicht zu feinkörnige Mischungen werden aber ebenfalls gut vertragen. Junge Pflanzen erhalten alle ein bis zwei Jahre neue Erde. Ältere können auch seltener umgepflanzt werden.
Wasserversorgung: Man kann normales Leitungswasser verwenden. Die Steineiche sollte gleichmäßig feucht gehalten werden, toleriert aber auch größere Schwankungen im Gießrhythmus. Trockenheit wird besser vertragen als Nässe.
Düngen: in der Vegetationsperiode alle vierzehn Tage mit einem organischen oder mineralischen Dünger. Im Winter nicht düngen.
Gestaltung: Die natürliche Wuchsform läßt alle Stilarten zu. Ein- bis zweijährige Äste lassen sich noch leicht mit Hilfe von Draht

Quercus ilex, etwa 10 Jahre alt

Quercus suber, etwa 8 Jahre alt, noch ohne Borke

in Form bringen. Ältere Äste sollten, um die Rinde nicht zu verletzen, besser gespannt werden.
Der Rückschnitt erfolgt bei jungen Pflanzen, um das Dickenwachstum zu fördern, erst ab einer Trieblänge von 20 cm. Man schneidet auf zwei bis fünf Blätter zurück, je nach Stellung des Astes in der Krone. Ältere Bäume können bereits früher zurückgeschnitten werden.
Pflanzenbeschaffung: Steineichen werden nur in seltenen Fällen als Jungpflanzen angeboten. Ältere Pflanzen und bereits gestaltete Bonsai sind kaum zu finden.

Ausgangsmaterial sammelt man deshalb am besten im Urlaub, und zwar in Form von Sämlingen. Ältere Pflanzen lassen sich nur schwer transportieren.
Schädlinge: Die Steineiche ist kaum anfällig für Schädlinge.

Quercus suber

Korkeiche

Die wohl bekannteste Eiche aus dem Mittelmeerraum wird hauptsächlich wegen ihrer dicken und borkigen Korkrinde kultiviert. Diese läßt sich im ganzen abschälen und unter anderem zu Flaschenverschlüssen verarbeiten. Der immergrüne Baum bildet wechselständige Blätter, die denen der Steineiche sehr ähneln.
Allerdings sind die stacheligen Zähne stark reduziert und kaum mehr zu erkennen. Wegen der borkigen Rinde und der relativ kleinen Blätter ist die Korkeiche zur Bonsaigestaltung gut geeignet. Leider ist es nicht leicht, ihr die idealen Lebensbedingungen zu verschaffen: heller Sommer im Freien und frostfreier, kühler Winter.
Standort: ganzjährig hell, mit mehrstündiger Sonneneinstrahlung. Von Mai bis zum Herbst wird die Korkeiche im Freien, auf dem Balkon oder im Garten, aufgestellt. Sobald Frost zu erwarten ist, sollte sie an einen hellen, kühlen Platz in der Wohnung umziehen.
Substrat: eine gut wasserdurchlässige Mischung aus Lehmgranulat, Sand oder feinem Kies und Pikiererde im Gewichtsverhältnis 2:2:1. Bei jungen Pflanzen werden alle ein bis zwei Jahre zwei Drittel der Erde ausgetauscht. Bei älteren Bonsai kann dies auch seltener geschehen.
Wasserversorgung: Während der warmen Jahreszeit kann die Korkeiche mit Leitungswasser gut feucht gehalten werden. Nur dann wächst sie auch. Im Winter sollte die Oberfläche des Pflanzsubstrats dagegen leicht trocken sein, bevor man wässert.
Düngen: Von Februar bis September werden junge Pflanzen reichlich, mindestens vierzehntägig mit organischem oder mineralischem Dünger versorgt. Das fördert das Wachstum und damit die Borkenbildung. Ältere Pflanzen, die bereits eine Borke gebildet haben, können auch seltener gedüngt werden. Im Winter muß man gar nicht düngen.
Gestaltung: Die Besenform und die aufrechte Form kommen dem natürlichen Wuchs am nächsten. Sie sind leicht durch gezielten Rückschnitt und Drahtkorrekturen zu erreichen. Extremere Formen müssen schon frühzeitig, bereits bei der Jungpflanze angelegt werden.
Ein- und zweijährige Äste lassen sich noch ohne Schwierigkeiten drahten. Allerdings muß ein im Frühjahr angelegter Draht oft schon nach drei Monaten wieder entfernt werden, weil er zu eng geworden ist. Bleibt der betreffende Ast dann nicht in der gewünschten Stellung, ist eine zweite Drahtung nötig. Ältere Äste werden gespannt. Junge, noch zu gestaltende Pflanzen schneidet man ab einer Trieblänge von 20 cm auf ein bis fünf Blätter zurück, je nach Stellung des Astes in der Krone. Ältere, bereits gut entwickelte Pflanzen können früher zurückgeschnitten werden.
Pflanzenbeschaffung: In seltenen Fällen ist die Korkeiche als Topfpflanze im Handel erhältlich. Samen aus dem Mittelmeerraum sät man am besten gleich aus und überwintert die Sämlinge in einem ungeheizten Zimmer. Eine Vermehrung über Stecklinge ist nicht einfach, aber möglich. Bereits gestaltete Pflanzen sind Raritäten.
Schädlinge: Die Korkeiche ist nicht sehr schädlingsanfällig.

Rosmarinus officinalis
Rosmarin ○

Der stark duftende, immergrüne Strauch aus der Mittelmeerregion bildet schmale, bläulichgrüne, unterseits weißfilzige, nadelförmige Blätter. Die hellblaue Blüte erscheint das ganze Jahr über in den Blattachsen. Der Stamm und die älteren Äste bilden eine graue, auffällig grobe Borke. Wegen seiner Borke ist der Rosmarin ein für die Bonsaigestaltung sehr interessantes Gehölz. Man braucht dafür jedoch einige Erfahrung.
Standort: hell und sonnig. Im Sommer hält man die Pflanze am besten im Freien, den Winter über kann sie in einem ungeheizten Zimmer mit nicht zu geringer Luftfeuchtigkeit stehen.
Substrat: eine Mischung aus Lehmgranulat, Sand und Pikiererde zu gleichen Teilen. Alle zwei Jahre wird beim Wurzelschnitt das Substrat zur Hälfte ausgetauscht.
Wasserversorgung: mäßig, aber gleichmäßig feucht halten. Bei zu hoher Bodenfeuchtigkeit sterben schnell große Wurzelpartien ab. Zum Wässern kann Leitungswasser verwendet werden.
Düngen: von März bis September alle drei Wochen. Im Winter muß nur gedüngt werden, wenn die Temperatur über 16 °C ansteigt. Man verwendet einen organischen oder mineralischen Bonsaidünger.
Gestaltung: Der Rosmarin eignet sich auch zur Gestaltung von Miniaturbonsai. Alle Stilarten sind denkbar. Am leichtesten erreicht man die Besenform. Diese kann auch ohne Draht, nur durch gezielten Rückschnitt entstehen.
Andere Formen sollte man frühzeitig anlegen. Einjährige Äste können gedrahtet werden, ältere sollte man spannen, um die Borke nicht zu beschädigen.
Der Rückschnitt kann bei bereits gestalteten Pflanzen ab einer Trieblänge von 5–10 cm auf 1–3 cm erfolgen, je nach Stellung des Astes in der Krone. Junge Pflanzen, die noch kräftiger werden sollen, schneidet man erst ab einer Trieblänge von 15 cm zurück. Schwache Äste kann man auch einfach wachsen lassen, damit sie stärker werden.
Pflanzenbeschaffung: Rosmarin läßt sich über Stecklinge vermehren. Jungpflanzen sind als Gewürz im Topf erhältlich.
Grundsätzlich sollte man darauf verzichten, im Urlaubsland Pflanzen auszugraben. Nur selten können sie sich an die neuen Klimaverhältnisse gewöhnen und sterben sehr schnell ab, da sie auch durch den Verlust von Wurzeln geschwächt sind.
Ältere Exemplare gibt es manchmal im Mittelmeerraum in Baumschulen. Diese passen sich leichter an neue Bedingungen an. Gestaltete Bäume sind nur selten im Fachhandel erhältlich.
Schädlinge: Rosmarin ist nicht sehr schädlingsanfällig.

Sageretia thea
Sageretie ○ – ◑

Der aus Asien stammende immergrüne Strauch (syn. *S. theezans*) bildet wechselständige, ovale und grüne Blätter an rehbraunen Zweigen. Die glatte, dunkel- bis hellbraune Borke platzt in regelmäßigen Abständen in großen Stücken ab und hinterläßt eine scheckige Stammzeichnung. Die weißen Blüten stehen zu mehreren in kleinen Blütenständen.
Die Sageretie gehört zu den meistimportierten Zimmerbonsai. Da sie in der Regel in Lehmerde steht, ist sie in der Haltung für einen Anfänger problematisch.
Standort: hell bis halbschattig. Im Sommer kann die Sageretie auch draußen stehen. Den Winter verbringt sie am besten in

Rosmarinus officinalis, Jungpflanze

Sageretia thea, etwa 40 Jahre alt, Sammlung Rüger

einem ungeheizten Zimmer bei Temperaturen zwischen 15 und 18°C.

Substrat: eine Mischung aus Lehmgranulat, Torf und Sand zu gleichen Teilen. Bonsai, die beim Kauf in Lehmerde stehen, sollten möglichst schnell umgepflanzt werden. Die Sageretie reagiert nicht so empfindlich auf den Wurzelrückschnitt wie zum Beispiel der Fukien-Tee. Deshalb ist das Wechseln des Pflanzsubstrats auch nicht so problematisch. Trotzdem sollte der Lehmanteil der neuen Erde beim ersten Umpflanzen nicht zu gering sein, weshalb in diesem Fall eine Mischung aus Lehmgranulat, Sand und Torf im Verhältnis 2:1:1 ratsam ist.

Wasserversorgung: Gewässert wird mit abgestandenem Leitungswasser, wenn die Erdoberfläche kaum noch feucht ist.

Düngen: mit einem organischen oder mineralischen Bonsaidünger. Während der Wachstumszeit in wöchentlichen oder vierzehntägigen Abständen, im Winter nur alle vier Wochen.

Gestaltung: Alle Stilarten sind möglich. Beginnt man mit einer Jungpflanze oder sogar mit einem Steckling, kann die Pflanze durch gezielten Rückschnitt in die gewünschte Form gebracht werden. Mit Hilfe von Draht lassen sich nur dünne, jüngere Äste formen. Ältere brechen sehr leicht. Der Rückschnitt erfolgt ab einer Trieblänge von 10–15 cm. Soll ein frischer Stammaustrieb zu einem neuen Ast entwickelt werden, kann man diesen auch erst bei einer Länge von 30–40 cm zurückschneiden, da er dann schneller dick wird.
Je nach Stellung des Astes in der Krone schneidet man auf ein bis fünf Blätter zurück.

Pflanzenbeschaffung: Pflanzen, die man im Handel findet, sind meist ungestaltet. Die Sageretie läßt sich leicht aus Stecklingen vermehren, die bei richtiger Pflege schnell zu ansehnlichen Bäumchen heranwachsen. Samen sind bei uns nur schwer zu bekommen, da die Sageretie kaum zum Blühen zu bringen ist und deshalb auch keine Früchte ansetzt.

Schädlinge: Bei zu feuchtem Substrat und verdichteter Lehmerde sind Pilzkrankheiten möglich. Man erkennt sie an braunen Blattflecken und Blatträndern. Schlechte Belüftung fördert den Mehltau. Die Sageretie wird außerdem häufig von der Weißen Fliege befallen.

Schefflera actinophylla
Lackblatt ○ – ◑

Der in Australien und Neuguinea beheimatete Baum trägt an anfangs grünen, später hellgrauen Zweigen wechselständige, unpaarig handförmig gefiederte Blätter. Das Lackblatt ist als Zimmerpflanze sehr bekannt und zeichnet sich durch ausgesprochene Robustheit aus. Die großen Blätter und die fehlende Neigung zur Verzweigung sind allerdings für die Bonsaigestaltung eher ungünstig. Eine an europäischen oder auch japanischen Bäumen orientierte Wuchsform ist kaum zu erreichen.
Standort: hell, aber sonnengeschützt und warm. Das Lackblatt kann die warme Jahreszeit auch im Freien verbringen, sollte hier aber vor direkter Sonneneinstrahlung geschützt werden. Im Winter darf die Luftfeuchtigkeit nicht unter 40% sinken, da sonst die Schädlingsanfälligkeit zu groß wird.

Schefflera actinophylla, etwa 5 Jahre alt

Substrat: eine Mischung aus Lehmgranulat, Sand und Pikiererde zu gleichen Teilen. Es werden aber auch Lackblattbonsai in normaler Blumenerde kultiviert.
Wasserversorgung: Als Gießwasser kann Leitungswasser dienen. Gewässert wird, sobald die Oberfläche des Pflanzensubstrats trocken ist.
Düngen: mit organischem oder mineralischem Bonsaidünger. Vom Frühjahr bis zum Herbst alle zwei Wochen, im Winter nur einmal im Monat.
Gestaltung: *Schefflera* bildet als Bonsai keine für unser Empfinden normale Baumform. Durch die zahlreichen Luftwurzeln und die kaum verzweigten Äste erinnert sie stark an Mangroven. Die bekannten Stilarten sind nur schwer zu erreichen.
Die Äste lassen sich noch relativ lange drahten. Will man eine klassische Bonsaistilart gestalten, kann auf Draht nicht verzichtet werden. Dicke Äste sollten allerdings gespannt werden, um die Rinde zu schonen.
Der Rückschnitt erfolgt ab einer Trieblänge von 10–20 cm. Nach dem Rückschnitt bildet sich oft nur eine neue Triebspitze. Will man Verzweigungen erreichen, muß diese Triebspitze immer wieder entfernt werden, bis der Baum Seitenknospen austreibt. Manchmal fördert auch ein Blattschnitt den Austrieb von Seitenknospen.
Pflanzenbeschaffung: Das Lackblatt läßt sich leicht durch Stecklinge vermehren. Man spart Zeit, wenn man eine Topfpflanze zur Bonsaigestaltung verwendet. Bereits gestaltete Pflanzen sind ab und an auch im Bonsaihandel zu finden.
Schädlinge: *Schefflera* wird gerne von Schildläusen befallen.

Serissa foetida
Junischnee
○ – ◑

Der immergrüne Strauch aus Asien bildet kleine, ovale und schmale gegenständige Blättchen. Die kleinen, weißen, bei der Wildform einfachen Blüten sitzen einzeln in den zahlreichen Blattachsen. Auch bei jungen Pflanzen blättert die graue bis beigefarbene Borke faserig ab.
Die Pflanze wird sehr oft als Jungbonsai angeboten und wegen ihrer Blütenpracht oft gekauft. Für den Anfänger ist sie aber ungeeignet, und auch erfahrene Bonsaifreunde können sie nur in Ausnahmefällen über mehrere Jahre halten. Eine Ausnahme machen ältere Exemplare mit einer Höhe von 40 cm und mehr, deren Stämme bereits eine gewisse Dicke erreicht haben.
Standort: das ganze Jahr über ein heller Platz, der vor direkter Sonne geschützt ist. Den Sommer kann die Pflanze auch im Freien verbringen. Im Winter gedeiht sie am besten in einem ungeheizten Zimmer.
Substrat: fast jede gut durchlässige Mischung ist geeignet. Bei entsprechender Düngung kann auch ausschließlich Lehmgranulat verwendet werden. Allerdings sollte man die einmal gewählte Mischung beibehalten. Das Substrat wird alle ein bis zwei Jahre zu zwei Dritteln ausgewechselt.
Wasserversorgung: Man verwendet Regenwasser oder abgestandenes Leitungswasser. Der Junischnee sollte möglichst gleichmäßig feucht gehalten werden. Deshalb beobachtet man die Substratoberfläche: Sobald diese nur noch leicht feucht ist, wird wieder gegossen. Die Pflanze verbraucht weniger Wasser, wenn sie bei einer Umstellung oder auch im Herbst einige Blätter verliert. Der Junischnee wird leicht von Pilzen befallen, wenn er zu naß steht. Die Pilze kann man nicht bekämpfen!
Düngen: von April bis Oktober alle vierzehn Tage, im Winter nur einmal im Monat mit organischem oder mineralischem Bonsaidünger.
Gestaltung: Alle Stilarten sind denkbar. Auffällig oft wird die sogenannte Wurzelform angeboten, bei der die Wurzeln den Baum stelzenartig tragen.
Der Rückschnitt erfolgt ab einer Trieblänge von 10 cm. Je nach Stellung des betreffenden Astes in der Krone läßt man ein bis fünf Blattpaare stehen. Bis zu dreijährige Äste lassen sich noch durch Drahten in Form bringen. Ältere Äste werden vorsichtig durch Spannen in die gewünschte Richtung gezogen.
Pflanzenbeschaffung: *S. foetida* ist in verschiedenen Altersstufen und Stilarten im Handel erhältlich. Sie läßt sich auch leicht über Stecklinge vermehren, die sich schnell zu einem Bäumchen entwickeln.
Schädlinge: Zwar können alle auch bei Zimmerpflanzen bekannten Schädlinge den Junischnee befallen. Es ist jedoch kein Schädling besonders auf *S. foetida* spezialisiert. In den meisten Fällen ist ein unausgeglichenes Wohnklima für das Absterben der Pflanze verantwortlich.

Serissa foetida, etwa 10 Jahre alt

Ulmus parvifolia

Chinesische Ulme ○

Mit dem Namen »Chinesische Ulme« werden einige Ulmen des asiatischen Raumes bezeichnet, die als immergrüne Bäume kleine, wechselständig angeordnete, kräftige, dunkelgrüne und ovale Blättchen bilden. Der dunkelgraue Stamm entwickelt zunächst eine glatte, erst im Alter leicht borkige Rinde.

Obwohl der Baum relativ oft von Spinnmilben befallen wird, zählt die Chinesische Ulme zu den robustesten Bäumen im Bonsaibereich und kann auch von Anfängern, die einen kühlen Raum für den Winter zur Verfügung haben, erfolgreich gehalten werden.

Standort: das ganze Jahr über ein heller, auch sonniger Platz. Vom Frühjahr bis zum Herbst kann die Chinesische Ulme auch im Freien stehen. Dort muß sie an die direkte Sonneneinstrahlung erst langsam gewöhnt werden. Draußen erträgt sie auch starken Wind und kräftige Regengüsse. Den Winter verbringt sie am besten in einem unbeheizten Raum.

Wird die Chinesische Ulme warm gehalten, wächst sie auch im Winter, was sich ungünstig auf die feine Verzweigung auswirkt. Wegen der kurzen Tage im Winter ist im Verhältnis zur Wachstumszeit zu wenig Licht vorhanden, so daß die Blattabstände sehr groß ausfallen. Der Lichtmangel kann aber zu einem gewissen Teil durch eine Pflanzenlampe ausgeglichen werden.

Substrat: ein Gemisch aus Lehmgranulat, Sand und Pikiererde im Verhältnis 2:1:1. Andere Mischungen werden ebenfalls erfolgreich verwendet.

Wasserversorgung: Man wässert, sobald die Substratoberfläche trocken ist. Die Chinesische Ulme verträgt auch hartes Leitungswasser.

Düngen: mit organischem oder mineralischem Bonsaidünger, der von Februar bis September alle zwei Wochen und im Winter, bei kühler Überwinterung, nur alle vier Wochen gegeben wird.

Gestaltung: Alle Stilarten sind denkbar. Ein- und zweijährige Äste lassen sich leicht drahten. Da bei kräftigen Ästen Draht leicht bleibende Spuren hinterläßt, werden diese am schonendsten durch Spannen in Form gebracht.

Der Rückschnitt erfolgt bei jungen Pflanzen ab einer Trieblänge von 10 cm, bei älteren, kräftigen und gut entwickelten Exemplaren auch früher. Je nach Stellung des Triebes in der Krone wird auf ein bis fünf Blätter reduziert.

Pflanzenbeschaffung: Chinesische Ulmen sind leicht über Stecklinge zu vermehren und entwickeln sich innerhalb weniger Jahre zu stattlichen Bäumchen.

Im Handel werden sie in allen Alters- und Entwicklungsstufen angeboten.

Schädlinge: Die Chinesische Ulme wird sehr oft von Spinnmilben befallen, besonders im Winter, wenn der Raum, in dem die Pflanze steht, zu warm und die Luftfeuchtigkeit zu niedrig ist.

Ulmus parvifolia, etwa 20 Jahre alt, Sammlung Meyer-Horn

Anhang

Adressen

Bonsai F. Siegert
Aumaische Straße 90
07937 Zeulenroda

Japan-Bonsai Berlin
J. & M. Pfeifer
Krumme Straße 52
10627 Berlin

exotic GREEN »Die Palme«
Kurfürstendamm 102
10711 Berlin

Bonsai und Blumenboutique 46
Chr. Gromadecki
Mehringdamm 46
10961 Berlin-Kreuzberg
Am U-Bahnhof Mehringdamm

Pflanzencenter in Steglitz
Inh. Dipl.-Ing. H. Babazadeh
Schloßstraße 34/35
12163 Berlin

Bonsai-Garten W. Tunnat
Gärtnerstraße 24
20253 Hamburg

Jörgensen Bonsai Vertriebs GmbH
Blankenesener Chaussee 138
22869 Schenefeld

Friesland Bonsai
Dannhalmsweg 35
26441 Jever

Bonsai-Börse-Bremen Bernward Wagner
Wyckstraße 11
28213 Bremen

Bonsai-Studio Horst Daute
Luisenstraße/Ernst-August-Platz 7
30159 Hannover

Bonsaischule Enger
Hermann Pieper
Feldstraße 21
32130 Enger

Blumen-Paradies
Bremer Straße 40
33613 Bielefeld

Bonsai-Garten-Gilserberg
D. Newels, N. Pulm
Bahnhofstraße 57
34630 Gilserberg

Bonsai-Studio Blumen-Meier
Langgasse 68/Krämerstraße 17
35576 Wetzlar

Bonsai-Studio Müller
Spandauer Weg 16
37085 Göttingen

Bonsai-Werkstatt Werner M. Busch
Hammer Dorfstraße 167
40221 Düsseldorf

Bonsai Centrum Neuss
Baumschule Nabben
Schwarzer Weg 19
41466 Neuss-Reuschenberg

Bonsai – Kakteen – Exotica
Bärbel + F. J. Pies
Markusstraße 1
41844 Wegberg

Blumen-Kiekuch – Gartencenter
Hydro-Studio – Bonsai-Centrum
Wittener Straße 306
42279 Wuppertal-Oberbarmen

Bonsai Botanikum Wilfried Geßner
Groß- und Einzelhandel
Grünstraße 39
46483 Wesel

Bonsaigärtnerei Am Niederrhein
M. Kempchen
Bergweg 14 a
46519 Alpen-Veen

Bonsai-Zentrum Moers
Neukirchenerstraße 18
47447 Moers-Kapellen

Bonsai Centrum Heidelberg
Filiale Lüllingen
Erikenweg 6
47608 Geldern-Lüllingen

Bonsai Treff Rolf Beckers
Industriestraße 43
47803 Krefeld

BONSAI-GALERIE
Rainer Zgorecki + Jochen Jacobs GbR
Aegidiimarkt 6
48143 Münster

Bonsai Zentrum Münster
Dipl.-Ing. Wolfgang Klemend
Weseler Straße 57
48151 Münster

Bonsai Garten Pulheim
F.-J. Thönnessen
Christian-Klausmann-Straße 6
50259 Pulheim-Stommeln

Blumen Herold
Inh. H. W. Willms
Hahnenstraße 33
50667 Köln

Bonsai-Schule
Schneider-Odenthal
51519 Odenthal-Scheuren

Giesen Raumbegrünung
Bonsai-Center
Trierer Straße 791
52078 Aachen-Brand

Blumen-Wolf
Ihr Florist in Mainz
Bahnhofstraße 2 B und
Im Hauptbahnhof
55116 Mainz

Bonsai-Zentrum Frankfurt
Sandweg 6
60316 Frankfurt/Main

Bonsai-Garten
H. Peschmann
Adenauer Allee 9
61440 Oberursel

Bonsai-Studio Altenstadt
Christa Triesch
Pappelweg 8
63674 Altenstadt

Bonsai-Centrum Darmstadt
Stadtgeschäft und Zentrale
Luisenstraße 26
64283 Darmstadt

Bonsai Garten
H.-P. Wittek
Schaafheimer Straße 3
64832 Babenhausen

Bonsai-Centrum Wiesbaden
Friedrich-Naumann-Straße 18 a
65195 Wiesbaden

Bonsai-Studio Horlache
H. Schluckebier
Kranichstraße 47
65428 Rüsselsheim

TROPICA
Kakteen May's Raritäten-Gärtnerei
Am Holzweg 17/Gutenbergstraße
Gewerbegebiet
65830 Kriftel bei Frankfurt

Bonsai-Kunst Kiefer
Stephanstraße 3
66111 Saarbrücken

Bonsai-Centrum Heidelberg
Mannheimer Straße 401
69123 Heidelberg

Bonsai-Museum
Öffnungszeiten
Mo–So 10.00–16.00 Uhr
Mannheimer Straße 401
69123 Heidelberg

Bonsai Centrum Armbruster
Edelmannsweg 28
72116 Mössingen (bei Tübingen)

Bonsai-Studio
Heinz Heim
Schlachthausstraße 22
73614 Schorndorf

Bonsai-Studio
Tilo Rollwa
Bahnhofstraße 30
75217 Birkenfeld

Bonsai-Centrum Enz
Inh. W. Schniz
Brunnengasse 17 Scheune
75417 Mühlacker-Dürrmenz

Günter Beck Bonsai & Kunstgewerbe
Josef-Schmitt-Straße 27
76187 Karlsruhe

Bonsai Stube Manfred Roth
Antogaster Straße 11
77728 Oppenau

Bonsaischule Brandt
Südbadens große Bonsaigärtnerei
Mittlere Oberaustraße 7
77963 Schwanau-Nonnenweier

Bonsai Studio Tuttlingen A. König
Rotwildstraße 30
78532 Tuttlingen

alphaflor
Salzstraße 1 (Eingang Drehergasse)
79098 Freiburg

Bonsai-Centrum München
A. Bauer & Co. KG
Schleißheimer Straße 458
80935 München

Kofuku-Tei en Bonsai
Bonsai-Centrum Rosenheim
Gerhard Vorderwülbecke
Hohenofener Straße 92
83026 Rosenheim

Bonsai Garten Töging
L. Schüßler
Pettenkoferstraße 37
84513 Töging a. Inn

Dehner
Stammhaus mit Gartencenter
und Zoo
86641 Rain am Lech

Florist Dumler
Neugablonzer Straße 74 a + b
87600 Kaufbeuren

Bonsai-Centrum Langensendelbach
Günter Weigand
Adlitzer Weg 5
91094 Langensendelbach

BONSAI IM ZIMMER
Wichernstraße 3
95615 Marktredwitz

Bonsai Club Deutschland e.V.
Konviktstraße 1
79098 Freiburg

Österreich
Austria Bonsai
Oberweng 12
A-9545 Radentheim

Österreichischer Bonsai Club
Zaunmüllerstraße 1
A-4020 Linz

Schweiz
Florama Blumen und Gartencenter
Schlosshaldenstraße 61
CH-3006 Bern

Bonsai Centrum Russikon
H. Waffenschmidt
CH-8332 Russikon

Konrad Roth AG
CH-8593 Kesswil

Schweizer Bonsai Club
Postfach
CH-5107 Schinznach-Dorf

Schweizer Bonsai Liebhaberclub
Kapuzinerweg 8
CH-6006 Luzern

Literatur

Bärtels, A.: **Der Baumschulbetrieb,** Stuttgart 1955

Busch, Werner M.: **Bonsai aus heimischen Bäumen und Sträuchern,** München 1999

Kawollek, W.: **Handbuch der Pflanzenvermehrung,** Augsburg 1997

Lesniewicz, P.: **Bonsai für die Wohnung,** München 1995

Sachweh, U.: **Grundlagen des Gartenbaues,** Stuttgart 1998

Schönfelder, I. u. P.: **Die Kosmos-Mittelmeerflora,** Stuttgart, 1999

Register

Halbfette Seitenzahlen verweisen bei mehreren Angaben auf eine ausführliche Erläuterung. *Kursive* Seitenzahlen verweisen auf Abbildungen.